Johanna Friedl

Pi-Pa-Purzelbaum

Johanna Friedl

Pi-Pa-Purzelbaum

Spielerische Bewegungsförderung für Kinder

Kösel

Für meine bewegungsfreudigen Kinder Jana Theresa und Tom David, ohne die dieses Buch nie entstanden wäre.

Ich danke ganz herzlich den Kindern, die sich so begeistert und geduldig fotografieren ließen: Jana und Tom, Felix und Moritz, Sarah, Laura und Verena, Ramona und Manuel, Michelle, Anja und Charlotte, und ihren Eltern Tanja, Marion, Marianne, Petra und Andreas für ihre Unterstützung. Außerdem danke ich meiner Fotografin Susanne Marx – es macht Spaß, mit ihr zu arbeiten!

ISBN 3-466-30538-1
© 2001 by Kösel-Verlag GmbH & Co., München
Printed in Germany. Alle Rechte vorbehalten
Druck und Bindung: Kösel, Kempten (www.KoeselBuch.de)
Fotos im Innenteil und Umschlagmotiv: Susanne Marx, Memmingen
Illustrationen: Susanne Krauß, Germering
Notensatz: Christa Pfletschinger, München
Umschlaggestaltung: Elisabeth Petersen, München

1 2 3 4 5 · 05 04 03 02 01

Inhalt

Warum Eltern und Kinder
gemeinsam turnen sollten 9

Einige Grundlagen spielerischer 10
Bewegungsförderung

Zum Aufbau des Buches 10
Ziele und Fördermöglichkeiten 11
Zusammensetzung der Gruppe 14
Tipps für die Praxis 15
Aufbau der Übungseinheiten 19

Begrüßungslieder 22

Spiele 24

Lauf- und Fangspiele/
Aufwärmspiele 24
Ballspiele 28
Geschicklichkeitsspiele 30
Bewegungsgeschichten 30
Finger- und Berührungsspiele 33
Kniereiter 36
Sing- und Kreisspiele 37
Musik-Stopp-Spiele 49
Musik als Hilfe zur Entspannung 50

Schlusslieder 50

Fußgymnastik 53

Aufwärmen 54
Kräftigung der Muskulatur ohne
Hilfsmittel 54
Kräftigung der Muskulatur mit
Hilfsmitteln 55

Turnen mit Kuscheltier 57
und Puppe

Aufwärmen 58
Federn, hüpfen, springen 59
Kräftigung der Muskulatur 59
Geschicklichkeit und Gleich-
gewicht 61
Dies und das 61
Schluss 63

Die Kastanien-Kullerbahn 64
(Stundenbild)

Begrüßung 65
Einleitung 65
Aufwärmen 65

Hauptteil	66
Schluss	67
Ideenkiste	68

Auf Tuchfühlung (Stundenbild) 70

Begrüßung	70
Aufwärmen	70
Hauptteil	71
Schluss	75
Ideenkiste	76

Li-La-Luftballon (Stundenbild) 81

Begrüßung	81
Aufwärmen	81
Hauptteil	82
Schluss	85
Ideenkiste	86

Spiel und Spaß mit Zeitungen und Papier 91

Aufwärmen	91
Reaktionsschulende Aufgaben	92
Federn, hüpfen, springen	93
Kräftigung der Muskulatur	94
Fußgymnastik	95
Geschicklichkeit und Gleichgewicht	96
Werfen und fangen	97

Spiel und Spaß mit Bierdeckeln 98

Aufwärmen	98
Reaktionsschulende Aufgaben	99
Kräftigung der Muskulatur	100
Werfen und fangen	100
Geschicklichkeit und Gleichgewicht	101
Dies und das	102

Spiel und Spaß mit Bällen 103

Aufwärmen	103
Ballparcours	104
Reaktionsschulende Aufgaben	106
Federn, hüpfen, springen	106
Kräftigung der Muskulatur	107
Geschicklichkeit und Gleichgewicht	109

Spiel und Spaß mit Kirschkern- oder Bohnensäckchen 110

Aufwärmen	110
Federn, hüpfen, springen	111
Kräftigung der Muskulatur	111
Fußgymnastik	111
Geschicklichkeit und Gleichgewicht	112
Werfen und fangen	113
Dies und das	113

Kissenschlacht	115	Spiel und Spaß an der	133	
		Langbank		
Aufwärmen	115			
Reaktionsschulende Aufgaben	115	Aufwärmen	134	
Federn, hüpfen, springen	116	Federn, hüpfen, springen	134	
Kräftigung der Muskulatur	116	Kräftigung der Muskulatur	135	
Fußgymnastik	118	Geschicklichkeit und Gleich-		
Geschicklichkeit und Gleich-		gewicht	137	
gewicht	118			
Werfen und fangen	120			
Entspannungsübungen	120	Spiel und Spaß ohne Geräte –	139	
		Partnerübungen		
Schwingungen – Spiel und	121	Aufwärmen	139	
Spaß mit Seilen		Reaktionsschulende Aufgaben	140	
		Federn, hüpfen, springen	141	
Aufwärmen	121	Kräftigung der Muskulatur	142	
Reaktionsschulende Aufgaben	122	Geschicklichkeit und Gleich-		
Federn, hüpfen, springen	122	gewicht	145	
Kräftigung der Muskulatur	123			
Geschicklichkeit und Gleich-				
gewicht	124	Krabbelberge mit Matten	147	
		Aufwärmen	147	
Ringel-Rangel-Reifen	125	Hauptteil	147	
Aufwärmen	125			
Reaktionsschulende Aufgaben	127	Spiel und Spaß mit allerlei	150	
Federn, hüpfen, springen	127	Krimskrams		
Kräftigung der Muskulatur	128			
Fußgymnastik	130	Federn	150	
Geschicklichkeit und Gleich-		Seifenblasen	151	
gewicht	130	Staubtücher	151	
Schlussspiele	132	Mülltüten	152	

Warum Eltern und Kinder gemeinsam turnen sollten

Vielen Eltern liegt heute sehr daran, ihre Kinder ganzheitlich zu fördern. Hierbei hat die motorische Förderung lange Zeit keinen sehr großen Stellenwert eingenommen – die Förderung kognitiver Fähigkeiten wurde dagegen überbewertet und stand einseitig im Vordergrund. Heute wissen wir, dass die motorische Entwicklung eine wichtige Voraussetzung für die positive Gesamtentwicklung eines Kindes darstellt und Bewegung ein Grundbedürfnis unserer Kinder ist. Kinder erleben und erfahren heute vielerorts starke Einschränkungen und Beschneidungen ihrer Bewegungsmöglichkeiten und ihres natürlichen Bewegungsdranges. Haltungsschäden, Gewichtszunahme und Schlafstörungen sind oft die Folgen – aber auch mangelnde soziale Kontakte. Wo früher das Spielen im Hof, auf der Straße, in Wald und Wiese eine selbstverständliche Möglichkeit zu Bewegung und Begegnung mit anderen Kindern war, nehmen heute nicht selten der Fernseher und die Beschäftigung in beengten räumlichen Verhältnissen diese Stelle ein.

Hier bieten gemeinsame Bewegungserlebnisse zu Hause oder im Eltern-Kind-Turnen eine immer beliebtere Möglichkeit zum Ausgleich, die sowohl von Kinderärzten als auch Orthopäden sehr begrüßt wird. Überall, wo Erwachsene und Kinder sich miteinander bewegen, wird nicht nur die körperliche, sondern auch die soziale und seelische Entwicklung der Kinder auf vielfältige Weise angeregt. Wenn Eltern sich Zeit zum Mitspielen nehmen und mit Spaß bei der Sache sind, wird auch die Beziehung zwischen Eltern und Kind bereichert und intensiviert.

Mein Ziel ist es, möglichst vielseitige Anregungen zu Spiel, Spaß und Bewegung aufzuzeigen, die sowohl zu Hause als auch im Eltern-Kind-Turnen oder in Spielgruppen durchführbar sind. Einzelne Spiele oder Bewegungsanregungen lassen sich jederzeit herausgreifen und in den Alltag integrieren, denn Kinder hungern geradezu nach Bewegung. Nur einmal in der Woche zu turnen und sich intensiv zu bewegen ist für unsere Kinder mit ihrem elementaren Bewegungsbedürfnis sicher nicht genug – Bewegung gehört zu ihrem Leben wie das tägliche Brot! Damit die Spiele und Übungen jederzeit auch zu Hause durchgeführt werden können, kommen bis auf wenige Ausnahmen nur Geräte und Materialien zum Einsatz, die sich in fast jedem Haushalt finden oder leicht beschafft werden können. Andernfalls werden, wo es möglich ist, Alternativen aufgezeigt. Die meisten Spiele und Bewegungsformen lassen sich sowohl zu zweit als auch in kleinen Gruppen durchführen, sind deshalb sehr vielseitig einsetzbar und lassen sich den unterschiedlichen Bedürfnissen entsprechend abwandeln.

Der Einfachheit halber spreche ich bei den folgenden Spiel- und Übungsbeschreibungen meist von Erwachsenen oder Eltern, damit sind sowohl Mütter und Väter als auch Großeltern gemeint.

Nun wünsche ich Ihnen und Ihren Kindern viel Spaß beim Hüpfen, Hopsen, Springen, Toben, Turnen und Bewegen!

Einige Grundlagen spielerischer Bewegungsförderung

Zum Aufbau des Buches

Wenn Sie sich entschlossen haben, sich mit Ihren Kindern zu bewegen, sollten Sie sicher sein, dass Ihre Kinder ganzheitlich motorisch gefördert werden, und gewährleisten, dass sie in allen wichtigen motorischen Bereichen geübt und sicher werden. Damit Kindern und Eltern das Turnen Spaß macht, ist es von Vorteil, ihre eigenen Ideen aufzugreifen und zu vertiefen. So werden Sie ihren tatsächlichen Bedürfnissen und Fähigkeiten eher gerecht. Damit Sie möglichst vielfältige Bewegungsanregungen finden, habe ich zu allen denkbaren Bewegungsmustern und Einsatzmöglichkeiten eines Gerätes vielseitige Übungsmöglichkeiten vorgestellt. Sie finden schwierigere und einfachere Übungen, die Sie Ihren Bedürfnissen und dem Alter und Entwicklungsstand der Kinder entsprechend einsetzen können.

Für Eltern, die eine Eltern-Kind-Turngruppe anleiten möchten, kann eine »gebrauchsfertige« Anleitung am Anfang eine große Hilfe sein. Deshalb suchen sie zunächst einmal nach fertigen Stundenbildern. Auf den Seiten 64-90 finden Sie daher drei Stundenbilder als Orientierungshilfe. Solche Stundenbilder verleiten aber meiner Ansicht nach dazu, sich zu starr an die vorgegebene Reihenfolge zu halten, wodurch unsere Spontaneität häufig stark eingeschränkt wird. Deshalb habe ich am Ende jeder Übungseinheit eine Ideenkiste angefügt, in der Sie zusätzliche Übungen mit unterschiedlichem Schwierigkeitsgrad finden. Indem Sie Ihre Übungseinheiten damit ergänzen oder einzelne Übungen einfach austauschen, haben Sie die Möglichkeit, auf die individuellen Bedürfnisse und Möglichkeiten Ihrer Gruppe zu reagieren.

Am Anfang jedes Stundenbildes finden Sie kurz die wichtigsten Ziele der jeweiligen Übungseinheiten erläutert. Dabei handelt es sich aber immer nur um eine kleine Auswahl der Fördermöglichkeiten, die Hauptziele des Eltern-Kind-Turnens sind in praktisch allen Übungseinheiten enthalten.

Wenn Sie einzelne Geräte häufiger einsetzen und Übungsmöglichkeiten in verschiedenen Stundeneinheiten wiederholen, werden die Bewegungsmuster vertieft und verinnerlicht – die Kinder gewinnen Bewegungssicherheit und haben mehr Spaß an der Sache. Und auch wenn es Ihnen manchmal langweilig erscheint und Sie lieber immer neue Übungen und Geräte anbieten möchten – Kinder lieben Wiederholungen, weil sie ihnen Sicherheit und das Gefühl, schon etwas zu können, vermitteln. Ich habe auch beobachtet, dass Kinder häufig mehr Spaß haben, wenn Sie nicht während einer ganzen Übungseinheit bei einem Gerät bleiben, sondern den Einsatz verschiedener Geräte und Hilfsmittel kombinieren, indem Sie z.B. mehrere Stationen mit unterschiedlichen Geräten und Hilfsmitteln aufbauen. Auf diese Weise ist es häufig auch einfacher, zwischen unterschiedlichen Förderbereichen zu wechseln. Außerdem entstehen für Kinder weniger Wartezeiten, weil sie jederzeit an eine andere Station ausweichen können. Probieren Sie einfach aus, welche Kombinationen Ihre Kinder besonders mögen.

Nach Informationen über den zweckmäßigen Aufbau einer Übungseinheit (Seite 19) finden Sie Vorschläge für Lieder und Spiele, anschließend sind die Bewegungsideen ab Seite 53 nach Materialien gegliedert.

Ziele und Fördermöglichkeiten

Während es bei den ganz Kleinen zunächst darum geht, die grobmotorischen Fähigkeiten wie Gehen, Laufen, Rennen, Hüpfen und Springen anzubahnen und zu vertiefen, können mit älteren Kindern im Laufe der Zeit immer differenziertere und schwierigere Bewegungsmuster und -abläufe geübt werden. So wird die Koordinationsfähigkeit der Kinder gefördert, die Kinder werden also immer geschickter und sind in der Lage, verschiedene Tätigkeiten sicher und in harmonischer Übereinstimmung auszuführen, sie werden bereit, in verschiedenen Situationen schnell und angepasst zu reagieren und zwischen verschiedenen Bewegungsabläufen zu wechseln.

Wichtig ist auch die Schulung des Gleichgewichtssinnes. Neben dem Zehenspitzengang und dem Zehenspitzenstand sind besonders Übungen auf einem beweglichen Untergrund dazu geeignet, die Balance zu finden und zu halten. Kindern macht es großen Spaß, auf einer Matte, Matratze oder einem Trampolin zu hüpfen und zu federn.

Bälle bewirken immer einen besonders starken Bewegungsanreiz und fordern Kinder zu schnellen Reaktionen heraus. Kinder lernen die Geschwindigkeit und die Bewegung des Balles abzuschätzen und die eigenen Bewegungen entsprechend darauf abzustimmen. Wenn Sie Bälle unterschiedlicher Größe und unterschiedlichen Materials einsetzen, werden immer neue Bewegungsabläufe geübt, weil die Bälle unterschiedlich reagieren.

Ihre Raumorientierung üben Kinder, wenn sie sich in verschiedene Richtungen bewegen oder unterschiedliche Höhen auf verschiedene Weise überwinden sollen. Deshalb sollten Sie in die Übungen häufige Richtungswechsel einbauen und aus verschiedenen Hilfsmitteln wie Matten und Bänken schiefe Ebenen, Berge und Hügel schaffen, die die Kinder hinaufsteigen, -krabbeln, -laufen oder hinunterrennen, -klettern, -kugeln sollen.

Wenn Kinder ihre Muskulatur trainieren, entwickeln sie nicht nur Kraft, sie bewirken immer auch eine Haltungsverbesserung. Besonders durch Klettern, Hängen, Hangeln und Schaukeln an beweglichen Tauen, Schaukeln und Strickleitern bildet sich neben der Arm- und Rumpfmuskulatur eine höhere Griffsicherheit aus. Auch durch Tragen, Heben, Schieben und Ziehen kräftigt sich die Muskulatur. Deshalb ist es durchaus sinnvoll, die Kinder am Geräteaufbau zu beteiligen.

Angesichts der Tatsache, dass bis zu fünfzig Prozent der Schulkinder bereits Haltungsfehler aufweisen, möchte ich auf einige wichtige Zusammenhänge hinweisen. Kleinere Kinder bewegen und halten sich meist intuitiv richtig und wir Erwachsene sollten uns eigentlich an ihrem Vorbild orientieren. Da Kinder aber stattdessen unser Vorbild nachahmen und uns dieses Gefühl für richtige Haltung und Bewegung häufig fehlt, ist es sinnvoll, sich über Ursachen von Haltungsschäden zu informieren und die wichtigsten Grundlagen zur Vorbeugung kennen zu lernen und zu verinnerlichen. Nur so können wir verhindern, dass Kinder unsere Fehler nachahmen. Einige Beispiele:

● Zum Anheben von Lasten sollten wir nicht mit gestreckten Beinen den Rücken beugen, sondern mit gestrecktem Rücken Knie und Hüftgelenk beugen, also in die Hocke gehen.
● Anstatt Lasten einseitig zu transportieren, das Gewicht möglichst gleichmäßig auf beide Arme verteilen, ohne sich zurückzubeugen und ins Hohlkreuz zu gehen. Sollte die Last zu schwer sein oder nicht auf beide Arme verteilt werden können, anstatt vor der Brust auf der Schulter transportieren.

Sollten Sie unsicher sein, worauf zu achten ist, bitte entsprechende Literatur zu Rate ziehen oder, noch besser, einen Kurs (Rückenschule oder Wirbelsäulengymnastik) besuchen.

Spiel und Spaß, Gesang und Tanz führen zu einer Bereicherung der kindlichen Erfahrungswelt, von der natürliche Entwicklungs- und Bewegungsanreize ausgehen, die unsere Kinder so dringend brauchen. Es geht also keineswegs darum, zu üben und vielleicht gar mit Druck zu trainieren – Ziel ist es vielmehr, miteinander

Spaß, Spannung und Bewegung auf spielerische Weise zu erleben. Durch regelmäßiges Turnen werden

● Herz und Kreislauf trainiert
● der Stoffwechsel angeregt
● die Atemleistung gesteigert
● die Ausdauer erweitert
● die Muskeln gekräftigt
● ein differenziertes Haltungsgefühl angebahnt und die Haltung verbessert
● das Gleichgewichtssystem angeregt
● die Bewegungskoordination und Geschicklichkeit gefördert
● die Reaktionsfähigkeit gesteigert
● die Wahrnehmung geschult
● ein Gefühl für Rhythmus entwickelt
● und vieles, vieles mehr!

Ihre Kinder werden leistungsfähiger und ausgeglichener, ihre körperliche Anpassungsfähigkeit nimmt zu. Und weil motorische und sprachliche Entwicklung einander bedingen und voneinander abhängen, nehmen Sie gleichzeitig Einfluss auf die Sprachentwicklung Ihrer Kinder.

Damit ein Spiel gelingen und Spielgemeinschaft entstehen kann, sind Spielregeln nötig. In der Turngruppe üben Kinder Regeln einzuhalten und Rücksicht zu nehmen, indem sie beispielsweise warten, bis sie an der Reihe sind, eine Reihenfolge beachten, einander ausweichen und Bewegungen aufeinander abstimmen ...

Durch das Zusammenspiel, aber auch durch die Möglichkeit, kleinere Aufgaben zu übernehmen, zum Beispiel etwas her- oder wegzuräumen, entwickeln sich die Partnerschaft mit Eltern und anderen Kindern, die Kooperationsbereitschaft und nicht zuletzt auch die Fähigkeit, sich von der Hand der Eltern zu lösen und sich dem Spiel anderer Kinder anzuschließen. Kinder sind stolz und entwickeln Selbstvertrauen, wenn sie helfen können und dürfen – und nicht selten entwickelt sich

auch daraus wieder ein Spiel. Dem Eltern-Kind-Turnen kommt in Hinblick auf die soziale und emotionale Entwicklung eine ähnliche Bedeutung zu wie Eltern-Kind-Spielgruppen. Die Kinder lernen, sich in einer Gruppe zurechtzufinden und sich auf andere Bezugspersonen als die eigenen Eltern einzulassen, ohne auf die vertrauten Bezugspersonen verzichten zu müssen.

Zusammensetzung der Gruppe

Die Eltern-Kind-Turngruppe ist wohl die gemischteste Gruppe, die man sich vorstellen kann. Mädchen und Jungen verschiedener Altersgruppen und mit großen Entwicklungsunterschieden kommen in die Gruppe, die idealerweise mindestens vier, maximal zwölf Kinder umfassen sollte. Diese Unterschiede resultieren zum einen daraus, dass manche Kinder ganz neu zur Gruppe kommen, andere Kinder schon ein oder zwei Jahre dabei sind und sich noch nicht trauen, allein zum Kinderturnen zu gehen. So entstehen Altersspannen von noch nicht einmal zweijährigen bis hin zu knapp fünfjährigen Kindern. Alle Kinder – unabhängig vom Alter – sollten die Möglichkeit haben, in einer Eltern-Kind-Turngruppe zu bleiben, bis sie selbst bereit sind, sich einer Kinder-Turngruppe ohne Eltern anzuschließen. Zum anderen ergeben sich Unter-

schiede, weil die motorische Entwicklung bei Kindern sehr unterschiedlich verläuft, zum Teil abhängig vom Geschlecht, aber auch von Bewegungserfahrungen zu Hause. Zudem finden sich unter den Erwachsenen Eltern, manchmal auch Großeltern, die zum Teil regelmäßig Sport betreiben, andere praktisch nie. Manche sind kontaktfreudig und mutig, andere eher schüchtern, manche kommen zum ersten Mal in eine größere Gruppe, andere haben durch Eltern-Kind-Spielgruppen bereits Gruppenerfahrungen gesammelt ...

Diese extreme Gemischtheit der Gruppe stellt hohe Anforderungen an die Übungsleiterin. Sie benötigt viel Einfühlungsvermögen und große Flexibilität, um auf alle gleichermaßen eingehen zu können. Sie muss Mut machen und Unterstützung geben, wo sie nötig ist, sich zurückhalten, wo es möglich ist. Das setzt voraus, dass sie die Bedürfnisse, Fähigkeiten und Fertigkeiten aller Kinder und Erwachsenen erkennt und auf sie reagieren kann. Indem sie Erfolgserlebnisse ermöglicht, stärkt sie Selbstvertrauen und Selbstbewusstsein jedes Gruppenmitgliedes und ermöglicht eine lockere Atmosphäre, die von gegenseitigem Verständnis und Toleranz geprägt ist und in der sich jeder wohl und angenommen fühlen kann. Gerade wenn Kinder anfangs noch ängstlich, scheu und zurückhaltend sind, kommt aber auch den Eltern eine wichtige Vermittlerrolle zu: Sie sind nicht nur Spielpartner, unterstützen und helfen, wo es nötig ist, sie geben auch Sicherheit, ermuntern oder trösten. Ängstliches Verhalten der Eltern überträgt sich auch auf die Kinder und Angst wirkt sich direkt auf die Bewegungsfähigkeit aus, weil sie hemmt oder zu Verkrampfungen führt.

Deshalb sollte eine geschickte Übungsleiterin zwar immer die Sicherheit der Kinder in den Vordergrund stellen, ängstliche und übervorsichtige Kinder aber auch behutsam zu mehr Selbstvertrauen und Sicherheit führen.

Wenn es der Übungsleiterin gelingt, mit dieser Situation umzugehen, schafft sie gleichzeitig die wichtigsten Voraussetzungen, damit Kinder sich später in der Lage fühlen, sich von der Hand der Eltern zu lösen und zu anderen Erwachsenen Vertrauen zu fassen. Wenn Kinder sich einer Gruppe anderer Kinder anschließen können und eine fremde Bezugsperson akzeptieren, wenn sie gelernt haben, auf die Anweisungen der Übungsleiterin zu reagieren, ohne dass sich die Eltern quasi als Dolmetscher zwischenschalten müssen, wird ein Wechsel in eine Turngruppe für Kinder ganz ohne Eltern möglich.

Tipps für die Praxis

Schrittweise Entwicklung

Lernen, auch das Erlernen von Bewegungssicherheit, beruht auf Erfahrung. Mit jedem Entwicklungsschritt, der vollzogen wurde, wird die Voraussetzung für den nächsten Lernfortschritt geschaffen. Kinder sollten deshalb ihren Bedürfnissen entsprechend spielen und sich bewegen dürfen. Sie werden ganz von selbst immer

gerade die Spiele und Bewegungen bevorzugen, die ihrem Entwicklungsstand entsprechen. Kinder wiederholen aus eigenem Antrieb bestimmte Bewegungen immer wieder, bis sie ganz sicher geworden sind. Während ihrer Wiederholungen verfeinern sie ihre Fähigkeiten und gelangen so ganz von selbst vom Einfachen zum Schweren. Gerade wenn Kinder das Hüpfen erproben, können Sie diesen Vorgang sehr schön beobachten und die Entwicklung vom eher plumpen Hopsen zum sehr differenzierten, federnden Springen erkennen. Wenn Sie Kinder ohne Druck und Leistungszwang, durch eigene Initiative lernen und üben lassen und Beschäftigungen, die ihnen gerade Spaß machen, aufgreifen und vertiefen, werden Sie erreichen, dass sie verschiedene Bewegungsmuster verinnerlichen, bevor sie die nächste Entwicklungsstufe erklimmen und den nächsten Schwierigkeitsgrad meistern. Weil die Bewegungsentwicklung schrittweise erfolgt, darf keine Stufe übersprungen werden, weil sonst die nächste Stufe unsicher und wackelig erreicht werden würde – so, als würden Sie eine Leiter besteigen und eine oder mehrere Sprossen auslassen. So vermeiden Sie sowohl Unter- als auch Überforderung und erhalten die natürliche Bewegungsfreude Ihrer Kinder, die ja den Motor für jede Form der körperlichen Betätigung darstellt.

Selbständigkeit fördern

Spiel, Spaß und Spannung, Bewegungsfreude, Neugier und Spontaneität sind also die wichtigsten Voraussetzungen für eine ganzheitliche motorische Förderung! Schaffen Sie daher Situationen, die der Bereitschaft Ihrer Kinder zu selbständigem Handeln entsprechend entgegenkommen. Gelingt es Ihnen, durch vielseitigen Geräteaufbau, spannende Bewegungsgeschichten, lustige Spiellandschaften, abwechs-

lungsreichen Materialeinsatz usw. motivierende Impulse zu setzen, werden die Kinder, ohne dass Sie sie direkt dazu auffordern müssen, versuchen, auf eigene Faust etwas auszuprobieren. Aufgabenstellungen, die nicht zu genau vorgeben, was zu tun ist, sind dabei hilfreich. So könnte eine Fragestellung etwa lauten: »Wie können wir unter der Bank hindurchkommen, ohne sie zu berühren?« oder »Versucht doch einmal gemeinsam, das Hindernis (z.B. einen Mattenberg) zu überwinden, ohne euch loszulassen!« Kinder dürfen selbständig ausprobieren, ihnen bleibt genügend Raum für eigene Ideen und Kreativität und sie können auf diese Weise ihre Bewegungsphantasie entwickeln.

Wenn Sie ihre Ideen offen und flexibel aufgreifen, können die Kinder ohne Erfolgs- und Leistungszwang ihren Spaß und ihre Bewegungsfreude ausleben. Dabei brauchen sie jedoch auch die Möglichkeit, sich zurückzuziehen und Pausen einzulegen. So können Sie verhindern, dass bewegungsunsichere und ängstliche Kinder Angst haben müssen, bloßgestellt oder unter Druck gesetzt zu werden. Stattdessen können sie durch Lob und Ermutigung Selbstvertrauen entwickeln. Durch ein vielseitiges Angebot wiederum bleibt gewährleistet, dass sich jedes Kind über seine »starken« Seiten freuen und an seinen eher »schwachen« Stellen arbeiten kann.

Kinder sollten nicht zum Mittun gezwungen werden, sondern durch behutsame Anregung zum Mitmachen und Nachahmen motiviert werden. Wenn Sie mit jüngeren Kindern arbeiten, sollten Sie daran denken, dass sie langen Erklärungen oft noch nicht gut folgen können. Weil Kinder leichter durch Nachahmung und Selbstversuche lernen, ist es sinnvoller, ihnen vorzumachen, was Sie von ihnen erwarten.

Obwohl Sie das Tun der Kinder begleiten und beobachten sollten, um ihnen Sicherheit zu vermitteln, sollten Sie unbedingt darauf achten, nicht zu schnell einzugreifen und voreilig zu helfen. Sie nehmen den Kindern dadurch die Möglichkeit, wichtige Erfahrungen zu sammeln. Zu diesen Erfahrungen gehört auch, die eigenen Grenzen kennen zu lernen. Kinder wachsen nicht nur daran, schwierige Situationen aus eigenem Antrieb zu meistern, sie lernen auch, mit Niederlagen und Missgeschicken umzugehen und fertig zu werden – eine so genannte Frustrationstoleranz entsteht. Geben Sie den Kindern deshalb die Möglichkeit, misslungene Versuche wieder und wieder zu wiederholen, sie aus eigenem Antrieb zu meistern und Lösungen zu finden!

Variationsmöglichkeiten anbieten

Kinder brauchen die Möglichkeit, ihr Tun zu wiederholen und zu variieren – so werden Bewegungsabläufe verinnerlicht und es entwickeln sich neue Bewegungsimpulse. Alle vorgestellten Übungs- und Spielformen können auf vielfache Weise abgewandelt werden und häufig variieren Kinder die Übungen aus eigenem Antrieb. Schon die Grundbewegungsart Laufen bietet unzählige Variationsmöglichkeiten:

- Sie können in die Übungen räumliche Veränderungen einbringen: Die Kinder laufen vorwärts, seitwärts, rückwärts, in Kurven, im Zickzack, mit großen oder trippelnden Schritten, mit sich überkreuzenden Füßen ...

- Wenn Sie die Übung zeitlich beziehungsweise rhythmisch verändern, können die Kinder langsam, schnell, mit Unterbrechungen, im Dreiertakt ... laufen.

- Der Krafteinsatz kann variiert werden – wir laufen leise, ziehen dabei die Knie hoch (eventuell abwechselnd darunter klatschen oder die Arme zur Seite halten), mit weit ausholenden Bewegungen, Fersen zum Po ziehend, stampfend ...

- Sie könnten die Bewegungen unterschiedlich gestalten, indem Sie beispielsweise etwas nachahmen, also laufen wie ein Vogel, wie ein Pinguin, wie jemand mit Gipsbein humpeln ... Fahrzeuge oder Tiere im Zoo oder Zirkus nachzuahmen erfreut sich bei Kindern großer Beliebtheit.

● Sie können die Übungen als Einzel-, Partner- oder Gruppenübung durchführen, also allein, mit einem Partner, mit Handfassung, mit vielen Partnern als Schlange.

Die Variationen in allen fünf Bereichen können natürlich auch wieder untereinander abgewandelt werden, so dass sich aus wenigen Grundformen fast unerschöpflich viele Übungsangebote ableiten lassen.

So haben alle Spaß

Damit neben der Spielgemeinschaft auch immer die Möglichkeit zu individueller Entfaltung entsteht, sollte eine Eltern-Kind-Turngruppe nicht zu groß sein. Es ist deshalb manchmal sinnvoll, Partnerspiele anzubieten oder Kleingruppen zu bilden, die sich mit zunehmender Gruppenerfahrung der Kinder vergrößern können. Sollten Sie die Gruppe gelegentlich teilen müssen, ist es sinnvoll, die Alters- und Entwicklungsstufen zu berücksichtigen. Achten Sie auch darauf, dass für einzelne Kinder keine zu langen Pausen entstehen und möglichst alle Kinder gleichzeitig üben können. Arbeiten Sie mit Geräten, an denen nur Einzelübungen möglich sind, ist es sinnvoll, einen Geräteparcours aufzubauen, damit mehrere Kinder gleichzeitig die Gelegenheit haben, an verschiedenen Stationen zu üben. Vermeiden Sie möglichst Aufstellungen in einer Reihe, da es Kindern in diesem Alter noch sehr schwer fällt, sich einzuordnen und lange zu warten, bis sie an der Reihe sind.

Um aus dem Eltern-Kind-Turnen eine lustige Erlebniswelt werden zu lassen, ist es von großer Bedeutung, die Eltern aktiv zu beteiligen! Achten Sie darauf, dass alle Eltern die Spiele und Übungen mitmachen – sie sollen in das Geschehen einbezogen sein und nicht nur als »Aufpasser«, Bezugsperson und Helfer für ihre Kinder fungieren! Die Eltern werden für die Kinder zum Vorbild, wenn sie mitspielen und in die gleichen Rollen schlüpfen wie ihre Kinder. Versuchen Sie dabei, ihre Eigeninitiative zu fördern, indem Sie ihre Ideen und Beiträge aufgreifen, Eltern und Kindern Aufgaben oder Verantwortung für bestimmte Bereiche übertragen und mit ihnen zusammenarbeiten. Dazu gehört der gemeinsame Aufbau einer Spiel- und Bewegungslandschaft ebenso wie die verantwortliche Betreuung einer Spielstation oder einer Übung. Wenn Sie Eltern und Kinder auf diese Weise einbeziehen, gelingt es uns, aus einem eher passiven Konsumverhalten (die Übungsleiterin regt an, was zu tun ist, und alle anderen führen ihre Anweisungen aus) hin zu einer aktiven, gut kooperierenden Gemeinschaft zu gelangen. Zudem werden die Eltern so eher animiert, die Übungen und Spiele auch zu Hause einzusetzen.

Aufbau der Übungseinheiten
(45–60 Minuten)

Grundsätzlich sollte eine Übungsstunde folgende Elemente enthalten:

Begrüßungslied

Es empfiehlt sich, ein bestimmtes Begrüßungslied auszuwählen und am Anfang jeder Stunde zu wiederholen. Es erleichtert den Kindern den Einstieg und gibt ihnen Sicherheit. Wenn jedes Kind namentlich genannt wird, ermöglicht es das gegenseitige Kennenlernen und stärkt auch Gruppenerleben und Zusammengehörigkeitsgefühl.

Aufwärmphase

Für die Aufwärmphase eignen sich besonders die Bewegungsabläufe Gehen, Laufen und Rennen, die dann in Hüpfen und Springen übergehen. Auf diese Weise wird der ganze Körper erwärmt und die Kinder können sich zunächst einmal »austoben«. Auch zu Hause ist es sinnvoll, darauf zu achten, dass die Kinder nicht »kalt« zu turnen und zu üben beginnen, um Verletzungen zu vermeiden.

Hauptteil

Im Hauptteil werden unterschiedliche Bewegungsabläufe eingeführt, geübt und vertieft, die Muskulatur wird gekräftigt. Die Kinder können verschiedene Hilfsmittel und Geräte und die Möglichkeiten, die in ihnen stecken, näher kennen lernen. Es bieten sich, um nur einige zu nennen, Bälle und Reifen, Keulen und Seile, Luftballons und Zeitungen, Tücher, Matten und Trampolin und vieles mehr an. Um die Kinder nicht zu einseitig zu belasten, sollten immer Übungen zur Kräftigung mit Übungen zur Geschicklichkeit und Schnelligkeit sowie zur Steigerung der Reaktionsfähigkeit und des Gleichgewichtssinnes in ausgewogenem Verhältnis zueinander und abwechselnd eingesetzt werden. Auch eine Variation zwischen aktionsreichen und bewegungsärmeren Übungen sollte beachtet werden. Kinder suchen den Wechsel von intensiver Anstrengung und kurzen Ruhepausen, wie sie ganz natürlich etwa durch Lauf-, Fang- oder Ballspiele entstehen, und entwickeln dabei eine erstaunliche Leistungsfähigkeit und Ausdauer – lang andauernde monotone Bewegungen entsprechen nicht ihren Bedürfnissen. Kinder mögen meist keine Gymnastik im eigentlichen Sinn. Bewegungsaufgaben sollten deshalb ins Spiel eingebaut werden.

Sie sollten dabei keinesfalls von einer Übung zur anderen »jagen«, sondern den Kindern genügend Zeit zum Ausprobieren, Wiederholen und Abwandeln lassen. Auf diese Weise sammeln sie eigene Erfahrungen, lernen verschiedene Möglichkeiten, Aufgaben zu bewältigen, kennen und entwickeln Bewegungsphantasie. Das ist wichtiger und bereitet den Kindern mehr Vergnügen als eine zu konkrete Anleitung, die eher einschränkend wirkt. Wenn Sie die Übungen immer wieder verändern, erweitern oder erschweren und den Kindern Zeit und Raum lassen, das selbst zu tun, bleiben sie spannend und interessant. Und nur wenn Sie nicht alle Schwierigkeiten für die Kinder umgehen und aus dem Weg schaffen, lernen sie, selbst damit umzugehen und Lösungen zu finden. Dadurch lernen Kinder, ihre Fähigkeiten und ihr Können einzuschätzen – sie erfahren, was sie sich zutrauen und was sie leisten können.

Da Kinder am liebsten spielerisch üben, bietet es sich an, kleine Geschichten um die Übungen herum zu konstruieren, sie zum Beispiel Bewegungsabläufe von Tieren, etwa Hunden, Schlangen oder Nashörnern, nachahmen zu lassen oder sie mit Luftballons auf die Reise zu schicken – Ihrer Phantasie sind keine Grenzen gesetzt, wenn es darum geht, Bewegungsübungen in kleinen Geschichten und Spielen zu verstecken.

Spiele

Es empfiehlt sich, auch im Hauptteil das eine oder andere Spiel einzubauen, weil es

auflockert und das Gruppenerleben, ebenso wie schon das Begrüßungslied, vertieft. Auch Spiele sollten Sie regelmäßig wiederholen, damit sie den Kindern vertraut werden und sie ganz nebenbei üben, sich an Regeln und Reihenfolgen zu halten und Signale und Zeichen zu beachten und darauf zu reagieren. Es sei noch mal erwähnt: Auch wenn Sie Ihren Kindern möglichst vielseitige und abwechslungsreiche Angebote machen sollten, verlieren sie schnell den Spaß an der Sache, wenn sie keine Gelegenheit haben, sich auf Bekanntes und Beliebtes zu freuen und Bewegungsabläufe zu verinnerlichen. Häufig werden Spielbeschreibungen mit Altersempfehlungen verbunden, ich habe jedoch festgestellt, dass sich sehr viele Spiele schon mit viel jüngeren Kindern durchführen lassen, wenn Erwachsene mit den Kindern gemeinsam spielen, also etwa ein Erwachsener und ein Kind gemeinsam zum Fänger werden.

Schlussspiel und Schlusslied

Ein regelmäßig wiederkehrendes Abschlussspiel und ein Schlusslied signalisieren den Kindern das Ende der Turnstunde und helfen, zur Ruhe zu kommen und ein wenig »abzukühlen«. Dabei finden sich alle noch einmal im Kreis zusammen, jeder kann seinen Beitrag leisten und wird beachtet – so wird jeder Einzelne und gleichzeitig die ganze Gruppe wahrgenommen und erlebt.

Sich gemeinsam zu bewegen macht Erwachsenen und Kindern Spaß!

Begrüßungslieder

Hallo, hallo, wer ist denn heute da?

(Text und Melodie überliefert)

Hal - lo, hal - lo, wer ist denn heu - te da? Da ist die Jen - ny mit ih - rer Ma - ma.

Alle stehen im Kreis. Zu »Hallo, hallo« winken sich alle zu, zu »wer ist denn heute da« hüpfen sie auf der Stelle. Zu »Da ist die ...« klatschen alle in die Hände. Auf diese Weise wird reihum jedes Kind begrüßt.

Hallo, hallo, schön, dass du da bist

Zu diesem überlieferten Begrüßungslied besitze ich leider keine Noten, vielleicht finden Sie selbst eine Melodie dazu?

*Hallo, hallo, schön, dass Jana da ist,
hallo, hallo, wir freun uns, dich zu sehn.
Die Hacken und die Spitzen, die wollen
nicht mehr sitzen,
die Fersen und die Zehen, die wollen
weitergehen.
Hallo, hallo, schön, dass Jana da ist,
hallo, hallo, wir freun uns, dich zu sehn.*

Alle stehen im Kreis und sprechen zu jeder Strophe reihum die Kinder direkt an.

Hallo, hallo –
Alle beugen sich zweimal vornüber und werfen dabei die Arme und Hände in die Luft.
Schön, dass Jana da ist –
Alle klatschen in die Hände.
Hallo, hallo –
Alle beugen sich wieder vornüber und werfen die Arme und Hände in die Luft.
Wir freun uns dich zu sehn –
Alle stampfen mit den Füßen.
Die Hacken und die Spitzen ... die wollen weitergehen –
Zur ersten Zeile stellen alle abwechselnd die Fersen und Zehen des rechten Fußes auf, zur zweiten Zeile die Fersen

und Zehen des linken Fußes. Zur dritten und vierten Zeile diese Bewegungen wiederholen, zur siebten und achten Zeile die Bewegungen der ersten zwei Zeilen wiederholen. Auf diese Weise wird jedes Kind reihum begrüßt.

Eins, zwei, drei im Sauseschritt

(Text: Lore Kleikamp; Melodie: Detlev Jöcker)
Aus: Buch, CD und MC: »1, 2, 3 im Sauseschritt« Rechte: Menschenkinder Verlag, 48157 Münster

Obwohl es sich hierbei nicht um ein Begrüßungslied im eigentlichen Sinne handelt, singen und spielen wir es immer zu Beginn unserer Turnstunden. Wir fassen uns an den Händen und gehen miteinander im Kreis. Zu jeder Strophe wird ein Kind aufgerufen. Wir lassen unsere Hände los, das Kind tritt in die Mitte, während die anderen im Kreis stehen bleiben. Sowohl das Kind in der Mitte als auch die anderen Kinder bücken und strecken sich, drehen sich einmal um die eigene Achse, klatschen viermal in die Hände, stampfen und stehen wieder ruhig. Dann geht es erneut von vorne los, bis jedes Kind einmal in der Mitte war.

Kinder, die sich anfangs noch nicht allein in den Kreis trauen, werden von einem Erwachsenen begleitet.

Spiele

Es entspricht dem Wesen der Kinder, sich mit ihrer Umwelt spielerisch auseinander zu setzen, im Spiel zu lernen und sich zu entwickeln. Wenn Kinder alleine spielen, tun sie das nach ihren eigenen Regeln, sobald aber mehrere Kinder oder Erwachsene an einem Spiel beteiligt sind, werden Regeln notwendig, die für alle durchschaubar sind und von allen beachtet werden. Kinder üben, sich an Abgemachtes zu halten, eine Reihenfolge zu beachten und auf Signale zu reagieren.

Wettspiele sollten nur eingesetzt werden, wenn Kinder von sich aus den Wettbewerb suchen, also etwa von selbst miteinander um die Wette laufen möchten. Wenn Sie Wettspiele anbieten, sollten Sie darauf achten, dass jede/r einmal gewinnen kann. Am ehesten können Kinder sich mit einer Niederlage abfinden, wenn sie als Gruppe verlieren.

Fangspiele mit Frage- und Antwortrufen (z.B. »Wer fürchtet sich vorm schwarzen Mann?«) sind für Kinder besonders reizvoll und führen zu einem natürlichen Wechsel von Anstrengung und Entspannung. Durch das laute und rhythmische Rufen wird zudem die Spannung erhöht, die Atemfunktion unterstützt und innere Spannungen und Aggressionen können abreagiert werden.

Ballspiele mit Zuwerfen und Fangen sind für kleine Kinder noch wenig sinnvoll, weil diese Techniken gerade erst angebahnt werden und das Werfen und Fangen, wenn überhaupt, meist nur mit Erwachsenen gelingt (siehe dazu auch »Spaß und Spiel mit Kirschkern- oder Bohnensäckchen«, Seite 110).

Lauf- und Fangspiele/Aufwärmspiele

Gerade wenn Sie mit jüngeren Kindern spielen, werden Sie häufig die Erfahrung machen, dass die Kinder Ihre Erklärungen nicht immer verstehen. Hier ist es, ebenso wie bei vielen Bewegungsübungen, sinnvoller und viel einfacher, den Kindern durch Ihr Vorbild zu vermitteln, worum es geht.

Ich habe beobachtet, dass Kinder, wenn sie zum ersten Mal so genannte Fangspiele spielen, häufig zunächst nicht den Mut haben, einen anderen Spieler tatsächlich zu berühren und zu fangen. Hier kann es hilfreich sein, wenn ein Erwachsener mit dem Kind gemeinsam die Rolle des Fängers übernimmt. Schon bald überwinden die Kinder so ihre Scheu.

Alle meine Kinder

Grenzen Sie einen Teil des Raumes mit einer Bank oder einem Seil ab. Ein Erwachsener oder ein Kind ist die Mutter, stellt sich in den abgegrenzten Raum und versammelt alle Spieler um sich. Auf den Zuruf »Alle Kinder gehen (laufen, rennen, krabbeln...) fort!« verlassen nun alle das »Haus« und bewegen sich frei durch den Raum. Auf den Zuruf »Alle meine Kinder kommen schnell nach Haus!« laufen alle zur Mutter zurück.

Variation: Die Entenmutter ruft ihre Küken, die Henne ruft ihre Hühnchen, die Stute ruft ihre Fohlen ... Dabei können die Bewegungen und Laute der Tiere nachgeahmt werden.

Platzwechsel

Die Erwachsenen stehen nebeneinander in einer Reihe auf einer Seite des Raumes, die Kinder aufgereiht auf der anderen. Auf den Zuruf »Plätze tauschen!« gehen, laufen oder rennen alle aneinander vorbei auf den gegenüberliegenden Platz, ohne einander zu stoßen. Bei jüngeren Kindern teilen sich die Erwachsenen und Kinder in zwei gleich große Gruppen,

damit die Kinder mit ihren Eltern laufen können.

Hindernislauf

Materialien: Geräte, zur folgenden Übungseinheit passend

Die Kinder sollen um Hindernisse laufen, ohne sie zu berühren – vorwärts, rückwärts, seitwärts, im Hopserlauf, langsam, schnell, ganz groß, ganz klein ... Die Hindernisse können auch übersprungen, überstiegen, umkrabbelt oder umkrochen werden, Ihrer Phantasie sind keine Grenzen gesetzt. Sie können hierzu schon die Geräte einsetzen, mit denen Sie nachher turnen und spielen möchten, z.B. Bälle, Luftballons, Bänke, Matten, Keulen ... Sie können durcheinander oder alle in einer Schlange hintereinander laufen. Zum Abschluss laufen noch einmal alle um die Geräte und auf ein Signal hin darf jeder sich ein Kleingerät greifen. Nun könnten alle die Geräte noch transportieren und sich damit beispielsweise groß wie ein Riese oder klein wie ein Zwerg machen, sie zwischen die Beine klemmen und damit hüpfen, sie balancieren oder auf dem Rücken krabbelnd transportieren.

Klebstoff

Alle laufen kreuz und quer. Kommt es zu einer Berührung, kleben die Spieler mit den Körperteilen, die sich berührt haben, zusammen. Das Spiel wird so lange fortgesetzt, bis alle Spieler aneinander kleben.

Feuer, Wasser, Sturm

Materialien: Langbank, Matte, Handtrommel (oder ein anderes Geräuschinstrument)

Zunächst stellen Sie eine Langbank auf und legen ein Stück entfernt eine Matte auf den Boden. Ein Kind erhält ein Geräuschinstrument, z.B. eine Handtrommel. Nun laufen alle kreuz und quer, bis die Handtrommel ertönt und das Kind ein Kommando gibt, zu dem bestimmte Aufgaben erfüllt werden sollen: Feuer – alle rennen in eine der vier Ecken des Raumes; Wasser – alle begeben sich auf die Matte; Sturm – alle legen sich flach auf den Boden; Rucksack – die Erwachsenen nehmen ein Kind auf den Rücken und laufen ein Stück; Känguru – die Erwachsenen nehmen ein Kind vor den Bauch und laufen ein Stück; Kaffeeklatsch – alle setzen sich auf die Bank und klatschen in die Hände; Hundehütte – die Erwachsenen stehen mit gegrätschten Beinen, die Kinder knien im Vierfüßler dazwischen und bellen; Storch – alle versuchen auf einem Bein zu stehen. Ist die Aufgabe erfüllt, wird die Handtrommel an das nächste Kind weitergegeben und alle laufen wieder, bis die nächste Aufgabe folgt. Dieses Spiel macht den Kindern meiner Gruppen viel Spaß und so fehlt es bei fast keiner Turnstunde. Jüngere Kinder trauen sich am Anfang manchmal noch nicht, ein Kommando zu geben. Es dauert aber meist nicht sehr lange, bis jeder möglichst schnell einmal die Handtrommel haben möchte.

Fangen

Ein Erwachsener und ein Kind fassen sich an der Hand. Die Paare verteilen sich gleichmäßig im Raum. Ein Paar wird zu Fängern, die die anderen Paare so lange verfolgen, bis es ihnen gelingt, ein anderes Paar festzuhalten. Aus diesem Paar werden die neuen Fänger.

Variation: Wie oben, allerdings geben die Fänger eine Bewegungsart vor, in der sich alle Paare fortbewegen müssen, z.B. Gehen mit steifen Knien, Krabbeln, Laufen auf allen vieren, Hüpfen ...

Jakob, wo bist du?

Erwachsene und Kinder fassen sich an den Händen und bilden einen Kreis. Ein Eltern-Kind-Paar wird ausgezählt und geht in die Mitte. Dem Erwachsenen werden die Augen verbunden. Er ruft: »Jakob, wo bist du?« Das Kind antwortet wiederholt: »Hier bin ich!« Der Erwachsene soll versuchen, seinen »Jakob« im Kreis nur nach dem Gehör zu fangen.

Verzaubern

Ein Eltern-Kind-Paar wird zum Zauberer, der versucht die anderen Paare zu fangen. Jedes Paar, das vom Zauberer berührt wird, muss stehen bleiben und wird in Tiere verwandelt. Es muss als Hasenpaar in die Hocke gehen, als Schlangen auf dem Boden liegen ... Alle achten darauf, nicht auf die verzauberten Mitspieler zu treten oder sie zu stoßen.

Das wilde Tier

Die Spieler gehen einzeln oder paarweise spazieren. Ein Kind darf das wilde Tier sein und in einem Versteck lauern. Um zwölf Uhr springt das wilde Tier hervor und fängt ein »Opfer«, das nun das wilde Tier sein darf.

In der letzten Liedzeile werden alle »Glockenschläge« von eins bis zehn nach derselben Melodie gesungen.

(Text und Melodie überliefert)

Wir wolln ein-mal spa - zieren gehn in ei-nem schö - nen Gar-ten.
Wenn nur das wil - de Tier nicht käm! Wir wolln nicht lan - ge war-ten.

Um eins kommt's nicht, um elf, da pocht's, um zwölf, da kommt's.

Wer fürchtet sich vorm schwarzen Mann?

Ein Erwachsener und ein Kind stehen auf der einen Seite des Raumes, alle anderen stellen sich auf der anderen nebeneinander auf. Das Eltern-Kind-Paar beginnt mit der Frage »Wer fürchtet sich vorm schwarzen Mann?«. Die Gruppe antwortet: »Niemand!« Nun fragt das Paar: »Wenn er aber kommt?« Die Gruppe antwortet: »Dann laufen wir davon!« Dann setzen sich beide Seiten in Bewegung und laufen aufeinan-der zu. Der »schwarze Mann« versucht, möglichst viele Eltern-Kind-Paare zu fangen. Es darf niemand umkehren. Alle, die gefasst wurden, begeben sich auf die gleiche Seite wie die Fänger und helfen im nächsten Durchgang beim Fangen. Das Eltern-Kind-Paar, das nach mehreren Durchgängen übrig bleibt, darf als schwarzer Mann das Spiel von neuem beginnen.

Wer sich an dem traditionell verwendeten Ausdruck »schwarzer Mann« stört, kann stattdessen »Fangemann« einsetzen.

Urbär raus

Mit einem Seil oder einem Kreidestrich wird ein kleiner Bereich markiert und abgegrenzt – die Bärenhöhle, in der der Urbär, ein Erwachsener mit einem Kind, lebt. Die anderen Spieler verteilen sich paarweise und rufen: »Urbär raus, Urbär raus!« Der Urbär lässt sich ein wenig bitten, bevor er völlig überraschend mit dem Ruf »Der Urbär kommt!« aus seiner Bärenhöhle stürzt und versucht, ein Eltern-Kind-Paar zu fangen. Die Gefangenen gehen mit ihm zurück in die Höhle, um ihm beim nächsten Durchgang beim Fangen zu helfen. Wer zuletzt übrig bleibt, darf der nächste Urbär sein.

Herr Fischer, wie tief ist das Wasser?

Ein Erwachsener und ein Kind stellen sich auf eine Seite des Raumes, sie sind die Fischer. Die anderen Paare stellen sich nebeneinander auf die andere Seite. Sie wollen durch das Wasser ans andere Ufer des Sees gelangen und rufen den Fischern zu: »Herr Fischer, Herr Fischer, wie tief ist das Wasser?« Die Fischer nennen nun eine beliebige Zahl, z.B. »Zwei Meter« oder »Fünf Meter«. Nun fragen die Kinder: »Wie kommen wir da hinüber?« Die Fischer können nun verschiedene Fortbewegungsarten vorschlagen, z.B. »Ihr müsst krabbeln!« oder »Ihr müsst schwimmen, stampfen, hüpfen, hinken, rückwärts gehen ...«. Alle Spieler müssen sich in der genannten Fortbewegungsart auf den Weg zum anderen Ufer begeben, während die Fischer versuchen, sie zu fangen. Auch die Fischer müssen sich dabei an diese Gangart halten. Die gefangenen Spieler werden ebenfalls zu Fischern und helfen im nächsten Durchgang beim Fangen. Auf diese Weise wird so lange hin und her gespielt, bis nur noch ein Eltern-Kind-Paar übrig bleibt, das zu den neuen Fischern wird.

Ballspiele

Obwohl ich einige Ballspiele in der Übungseinheit mit Bällen (Seite 103) vorstellen werde, möchte ich an dieser Stelle weitere Ballspiele beschreiben, die sich ergänzend einsetzen lassen, egal mit welchen Geräten Sie außerdem arbeiten. Das Spiel mit Bällen ist für Kinder immer spannend, weil von Bällen ein starker Bewegungsanreiz ausgeht. Es kommt ganz automatisch zu einem sinnvollen Wechsel zwischen An- und Entspannung, wodurch eine Art Intervalltraining entsteht, das Ausdauer und Leistungsfähigkeit erhöht. Zudem führt der Umgang mit Bällen zu mehr Gewandtheit und Geschicklichkeit – sie sollten also nie fehlen, wenn Sie sich mit Ihren Kindern bewegen möchten!

Slalom

Stellen Sie im Raum verschiedene Hindernisse auf, etwa Stühle, Schachteln, Keulen, Bauklötze, Reifen ... Die Kinder versuchen, den Ball um die Hindernisse zu rollen. Sie können dazu krabbeln, kriechen oder gebückt gehen. Sie sollten darauf achten, dass die Kinder beidhändig und abwechselnd mit der rechten und linken Hand rollen. Der Ball kann auch mit den Füßen um die Hindernisse gerollt werden. Wenn Sie zusätzlich am Ende der Bahn ein Tor aufstellen, können die Kinder am Schluss versuchen, ein Tor zu schießen.

Fußball

Ein einfaches Fußballspiel ist schon mit kleinen Kindern möglich und sehr beliebt: Der Erwachsene und das Kind spielen sich den Ball mit den Füßen zu und versuchen ein Tor (Stuhl oder Kastenteil) zu treffen.

Ball über die Schnur

Spannen Sie in der Mitte des Spielfeldes eine Schnur und teilen Sie die Gruppe auf die beiden so entstandenen Felder auf. In jedem Spielfeld befinden sich jeweils drei bis fünf Bälle. Auf das Startzeichen hin versuchen alle, die Bälle über die Schnur in das gegnerische Feld zu befördern. Jeder ankommende soll sofort wieder zu-

rück. Wenn es einer Gruppe gelingt, das eigene Feld für kurze Zeit von allen Bällen freizuhalten, hat sie gewonnen. Häufig schafft es keine der beiden Gruppen, alle Bälle aus dem eigenen Feld zu befördern, und nicht selten vergessen die Kinder ganz den Sinn des Spieles und sind nur noch eifrig darauf bedacht, allen Bällen nachzulaufen und sie sofort zu holen und wieder wegzuwerfen. So entsteht ein sehr bewegungsreiches Spiel, das den Kindern großen Spaß macht und schon für die Jüngsten geeignet ist, weil die Bälle ja nicht gefangen werden müssen.

Jägerball

Ein Spieler ist der Jäger. Mit einem weichen Ball (Softball o.Ä.) versucht er, die kreuz und quer springenden Hasen zu erlegen. Wer vom Ball getroffen wird, darf der nächste Jäger sein. Nach einer gewissen Zeit scheidet jeder getroffene Hase aus (nur bei älteren Kindern). Die Kinder sollten nur auf Po oder Rücken zielen.

Torball

Entlang einer Ziellinie werden mehrere Tore aufgestellt, dazu eignen sich beispielsweise Stuhl- oder Tischbeine, Kastenteile usw. Die Kinder sollen nun versuchen, den Ball in die Tore zu rollen. Sie beginnen aus kurzer Entfernung und vergrößern den Abstand nach und nach. Später können die Kinder auch versuchen, in die Tore zu werfen oder mit dem Fuß zu zielen.

Geschicklichkeitsspiele

Hahnenkampf

Der herkömmliche Hahnenkampf auf einem Bein, der den meisten bekannt sein wird, ist erst für Kinder durchführbar, die schon sehr sicher auf einem Bein hüpfen können. Jüngere Kinder können allerdings eine einfachere, abgewandelte Form spielen. Zwei Spieler (Erwachsener und Kind oder zwei Kinder) postieren sich in Hockstellung einander gegenüber und hüpfen mit vor dem Oberkörper verschränkten Armen aufeinander zu. Jeder versucht, den anderen aus dem Gleichgewicht zu bringen. Wer fällt zuerst um?

Wer ist stärker?

Auf den Boden wird ein Kreis gezeichnet, in den sich ein Erwachsener stellt. Nun versuchen mehrere Kinder, den Erwachsenen aus dem Kreis zu drängen. Wollen Sie mehr Spannung ins Spiel bringen, können Sie vorher vereinbaren, auf welche Weise das geschehen soll, etwa mit den Händen ziehen, mit dem Rücken schieben ...

Bewegungsgeschichten

Ab und zu können Sie ins Eltern-Kind-Turnen kleine Bewegungsgeschichten einbauen. Die Geschichten sollten aus der Erlebniswelt der Kinder kommen, damit sie für die Kleinen auch nachvollziehbar sind. Bewegungsgeschichten machen den Kindern deshalb Spaß, weil ihre Phantasie und Vorstellungskraft angeregt wird und sie in Rollen schlüpfen können, die ihnen gefallen. So ist es beispielsweise möglich, groß und stark zu sein und gefährliche Abenteuer zu überstehen – gerade ängstliche Kinder lieben diese Geschichten, die ihrem Selbstver-

trauen gut tun. Es ist sinnvoll, auf die Ideen der Kinder einzugehen, auch wenn Ihre Bewegungsgeschichte dadurch manchmal einen ganz anderen Verlauf nimmt als ursprünglich geplant. Gerade bei den Bewegungsgeschichten kommt es darauf an, dass die Erwachsenen mitspielen. Sie sollen mit den Kindern in die verschiedenen Rollen schlüpfen und sich ganz aktiv am Geschehen beteiligen. Als Abschluss könnte ein passendes Lied eingesetzt werden, zum Besuch auf dem Bauernhof etwa »Onkel Jörg hat einen Bauernhof« (Seite 39), zum Hausbau »Wer will fleißige Handwerker sehn« usw. Lassen Sie sich von den folgenden beiden Beispielen anregen.

Die Löwenjagd

Wir gehen heut auf Löwenjagd, wer geht mit? Wir haben keine Angst! –

Alle sitzen oder stehen und klatschen rhythmisch auf die Oberschenkel.

Huch, ein Berg! Drüber geht's nicht, drunter geht's nicht, außen rum geht's nicht, also mittendurch. –

Zuerst deuten Sie auf einen imaginären Berg vor sich, dann heben Sie beide Arme hoch, senken sie nach unten, nehmen sie weit auseinander und deuten mit einer entschlossenen Handbewegung noch einmal nach vorn.

Buddel, buddel, buddel ... Puh, geschafft! –

Die Hände machen grabende Bewegungen und wischen zuletzt den Schweiß von der Stirn.

So geht es jetzt bei allen folgenden Strophen weiter, wobei die Hände watschelnde, schwimmende und sägende Bewegungen ausführen. Ganz zuletzt werden die Bewegungen in umgekehrter Reihenfolge wiederholt. Es können noch weitere Verse dazu erfunden werden!

Wir gehen heut auf Löwenjagd, wer geht mit? Wir haben keine Angst! Huch, ein Sumpf! Drüber geht's nicht, drunter geht's nicht, außen rum geht's nicht, also mittendurch. Watschel, watschel, watschel ... Puh, geschafft!

... Huch, ein See! Drüber geht's nicht ... Schwimm, schwimm, schwimm ... Puh, geschafft!

... Huch, ein Wald! Drüber geht's nicht ... Säg, säg, säg ... Puh, geschafft!

... Huch, ein Löwe! Drüber geht's nicht, drunter geht's nicht, außen rum geht's nicht, also zurück. Säg, säg, säg, schwimm, schwimm, schwimm, watschel, watschel, watschel, buddel, buddel, buddel ... Puh, geschafft!

Auf dem Bauernhof

»Stellt euch vor, wir wollen heute einen Bauernhof besuchen. Wer von euch war denn schon einmal auf einem Bauernhof? Wie ihr sicher wisst, gibt es auf einem Bauernhof viele Tiere und vor allem viel Arbeit. Vielleicht können wir ein wenig mithelfen.

Durch ein großes Tor treten wir in den Hof ein. In der Sonne liegt der große Hofhund schläfrig vor seiner Hundehütte. Ich glaube, jetzt hat er uns entdeckt, denn er streckt sich ein wenig und sieht zu uns herüber. Aber er merkt gleich, dass wir ihm nichts tun wollen, und legt sich wieder hin. Wir wollen nun alle einmal den Hofhund spielen: Kniet euch auf den Boden und macht euch ganz klein. Legt dazu den Po auf die Fersen und stützt euch auf die Ellenbogen. Die Hände lasst ihr als Pfoten nach vorne schauen, den Kopf legt ihr auf die Hände. Nun habt ihr etwas gehört! Ihr hebt langsam den Kopf, dann den

Oberkörper und zuletzt stemmt ihr die Hände fest auf den Boden. Nachdem ihr euch ein wenig umgesehen habt, legt ihr euch gemächlich wieder hin, zuerst die Arme, dann den Kopf. Ihr dürft euch ein paar Mal strecken, umsehen und wieder hinlegen.

Nun stehen wir auf, gehen weiter und da entdecken wir den Hühnerstall. Wenn wir die Hühner füttern, kommen sie alle schnell her und picken eifrig die Körner, die wir ausstreuen. Macht abwechselnd mit beiden Armen streuende Bewegungen. Holt dabei weit aus, damit die Körner auch bis zu den hintersten Hühnern gelangen.

Seht einmal, von da hinten kommt auch der Hahn heranstolziert. Bewegt euch doch einmal wie ein stolzer Hahn. Zieht dazu abwechselnd erst das eine, dann das andere Bein hoch. Ab und zu bleibt ihr stehen, schlagt ein wenig mit den Flügeln und kräht »Kikerikiiiii«. Jetzt gehen wir in den Hühnerstall, wo die Hühner ein paar Eier gelegt haben. Die möchten wir einsammeln und in einen Korb legen, damit die Bäuerin sie später mit ins Haus nehmen kann. Bückt euch weit hinunter (Knie nicht durchdrücken!) und sammelt die Eier einzeln ein. Ihr legt die Eier in den Korb, der oben am Fenstersims liegt – jedes einzeln, damit keines kaputtgeht.

Auf unserem Bauernhof gibt es auch Enten und Gänse, die um ihren kleinen Teich herumwatscheln. Könnt ihr genauso watscheln? Geht dazu in die Hocke, fasst eure Hände hinter dem Rücken und watschelt ein wenig umher. Nun springen die Enten in den Teich und schwimmen ein Stück. Ab und zu tauchen sie mit dem Kopf unter, um am Grund des Teiches nach Futter zu suchen. Nehmt eure Hände seitlich an den Körper und macht mit den Händen (nicht mit den Armen) Schwimmbewegungen. Taucht auch mit dem Kopf mal ein wenig unter.

Nun verlassen wir das Federvieh und gehen in den Stall. Da stehen die Kühe und fressen Gras. Stellt euch einmal auf alle viere und bewegt euren Kopf zum Boden, um ein wenig Gras zu holen. Die Kühe werden von Fliegen geplagt. Sie versuchen, die Fliegen mit ihrem Schwanz zu vertreiben. Schwingt kräftig mit euren Armen um den ganzen Körper herum und versucht die Fliegen auf eurem Rücken und am Po zu vertreiben.

Seht ihr die Pferde nebenan? Sie warten schon darauf, gestriegelt zu werden. Stellt euch vor, ihr habt in jeder Hand eine Bürste und streicht ihnen über ihr Fell. Macht dazu weit ausholende Bewegungen mit dem ganzen Arm, denn unsere Pferde möchten von oben bis unten glänzen.

Vor dem Pferdestall liegt noch ein wenig Stroh, das der Bauer verloren hat. Und da stehen auch schon ein paar Besen. Nehmt alle einen Besen in beide Hände und kehrt damit kräftig hin und her. Geht langsam vorwärts, damit ihr auch das ganze Stroh erwischt. Oh, da hinten kommt die Bäuerin und winkt uns zu. Sie bedankt sich für die Hilfe. Winkt alle zurück!«

Hier noch ein paar Anregungen für weitere Bewegungsgeschichten:

- Es hat geschneit – Winterspaziergang
- Handwerker bauen ein Haus
- Obsternte im Herbst
- Wir legen einen Garten an
- Ein Besuch im Zoo
- Wir machen Frühjahrsputz
- Eine lustige Kletterei im Urwald
- Eine Phantasiereise auf die Planeten der Großen, Kleinen, Schnellen, Langsamen, Starken ...

Fingerspiele und Berührungsspiele

Finger- und Berührungsspiele sind ein guter Weg, Kinder wieder zur Ruhe kommen zu lassen. Kleinere Kinder sitzen im Schoß der Eltern, ältere Kinder sitzen dicht neben ihnen. Durch Fingerspiele werden Feinmotorik, Koordinations- und Konzentrationsfähigkeit trainiert und weil sich Sprache, Reim und Bewegung verbinden, entwickeln die Kinder ein Gefühl für Rhythmus. Sie erweitern ihren Wortschatz und trainieren ihr Gedächtnis. Die Berührungsspiele hingegen führen zu einer intensiven Körperwahrnehmung, weil dabei verschiedene Körperteile berührt oder massiert, manchmal auch benannt werden. Während eines Finger- oder Berührungsspiels spüren die Kinder die körperliche Nähe und Zugewandtheit der Eltern, in ihnen entsteht ein Gefühl der Sicherheit und

Geborgenheit. Fingerspiele bieten aber auch die Möglichkeit, ein Gruppengefühl zu entwickeln, weil alle gemeinsam sprechen und spielen und ihr Spiel aufeinander abstimmen. Gestik und Mimik sollten dem Text angepasst werden. Wenn Sie nun Fingerspiele ins Eltern-Kind-Turnen einbeziehen, achten Sie darauf, für jüngere Kinder einfachere, kürzere Spiele anzubieten und diese regelmäßig zu wiederholen. So wirken sie gleichzeitig als Anregung für das gemeinsame Spiel von Eltern und Kindern zu Hause. Ich habe mich im Folgenden auf eine kleine Auswahl von Finger- und Berührungsspielen beschränkt, weil es zu diesem Thema umfangreiche Literatur gibt (z.B. mein Buch »Pitsche, Patsche, Peter: Lustige Spiele mit Händen und Füßen« erschienen im Kösel-Verlag).

Binki-Binki

Binki, binki,
Dalli, dalli,
Rafti, rafti,
Platti, platti,
Fausti, fausti,
Elli – aus!

Zuerst klopfen die Fingerspitzen auf den Boden, dann schaben die Fingernägel, die Handrücken klopfen, die flache Hand schlägt kräftiger auf den Boden, die geballten Fäuste trommeln heftig. Zuletzt stoßen die Ellenbogen (vorsichtig!) auf den Boden und der Kopf verbirgt sich in den Händen. Die Kinder sind fasziniert vom Anschwellen des Geräusches und der plötzlich eintretenden Stille!

Gewitter

Es tröpfelt,
es regnet,
es gießt,
es hagelt,
es blitzt,
es donnert!
Alle Kinder laufen schnell nach Haus!

Zuerst klopfen Sie mit zwei Fingern langsam abwechselnd auf den Boden, dann klopfen alle zehn Finger. Die Finger oder die ganzen Handinnenflächen klopfen, immer kräftiger und lauter werdend, auf den Boden. Die Fingerknöchel »hageln«,

bevor der Zeigefinger im Zickzack als Blitz durch die Luft zuckt. Nun »donnern« beide Fäuste auf den Boden und zum Schluss verschwinden die Finger beider Hände zappelnd hinter dem Rücken oder rennen über den Boden davon.

Dieses Spiel eignet sich auch ausgezeichnet als Berührungsspiel! Die Bewegungen werden dazu auf dem Körper des Kindes ausgeführt, während das Kind bäuchlings vor dem knienden Erwachsenen oder über seinen Beinen liegt.

Brot backen

Die Kinder liegen flach auf dem Boden oder über den Beinen der Erwachsenen.

Zuerst müssen wir den Teig herstellen, dazu brauchen wir verschiedene Zutaten: Wir schütten Mehl auf unsere Arbeitsplatte. –

Klopfen Sie mit der flachen Hand mehrmals über den Rücken oder den ganzen Körper Ihres Kindes.

Nun geben wir Eier dazu. –

Klopfen Sie mit den Fäusten mehrmals auf den Körper.

Dann brauchen wir noch Salz und Gewürze. –

Hierfür wandern Sie mit den Fingerspitzen über den Körper oder tippen leicht darauf.

Jetzt fehlt noch ein wenig Butter oder Öl. –

Klopfen Sie locker auf den Rücken.

Nun wird der Teig kräftig geknetet. –

Kneten Sie den ganzen Körper Ihres Kindes ordentlich durch.

Der Teig wird zu einem Laib geformt. –

Streichen und drücken Sie am Körper ihres Kindes entlang.

Jetzt wird das Brot in den Ofen gelegt und gebacken. –

Schieben Sie Ihr Kind ein Stück von sich weg und reiben sie dann mit der flachen Hand über seinen Körper, um die Hitze des Backofens anzudeuten.

Jetzt schneiden wir das Brot in Scheiben. –

Streichen Sie mit der Handkante quer über den Körper des Kindes.

Zuletzt belegen Sie das Brot nach Wünschen des Kindes mit Butter und Honig oder mit Wurst und Käse, einem Ei und Tomaten, einer Gurke ..., bevor Sie es sich schmecken lassen. Deuten Sie dazu das Belegen des Brotes an und knabbern Sie am Körper Ihres Kindes.

Ich habe mit meinen Kindern auf diese Weise auch schon Plätzchen oder Pizza gebacken. Es kommt dabei zu einer intensiven Körperwahrnehmung und zu einer sanften Massage des ganzen Körpers, die die Kinder meist sehr genießen.

Kribbel-Krabbelmaus

Mit den Fingerkuppen krabbeln Sie mal sanft, mal kräftig über den Körper Ihres Kindes, vom Gesicht über den Hals, Bauch, Rücken, Arme und Beine. Benennen Sie dabei die einzelnen Körperteile oder lassen Sie das Kind raten, wo sich die kleine Kribbel-Krabbelmaus gerade befindet.

Streicheleien

Materialien: Augenbinde, eventuell Rasierpinsel

Ein Erwachsener und ein Kind spielen zusammen. Das Kind schließt die Augen oder lässt sie verbinden. Es darf nun nacheinander verschiedene Körperstellen nennen, an denen es gestreichelt werden möchte. Zum Streicheln könnten, neben den Händen, unterschiedliche Materialien eingesetzt werden, z.B. eine Feder, ein Pinsel, Fell, Watte, Stoff ... Der Gestreichelte soll das Material erraten.

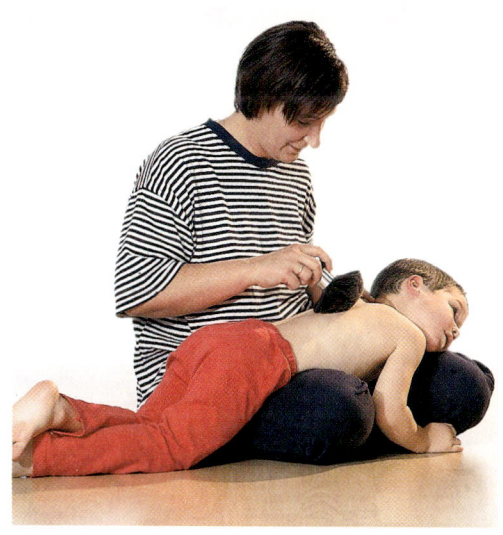

Meist genießen Kinder Streicheleinheiten, die sie auf diese Weise von ihren Eltern erhalten. Am Schluss einer Turnstunde oder nach lebhaften Bewegungsspielen zu Hause führt dieses Spiel zu Entspannung und Beruhigung.

Kniereiter

Kniereitern kommt eine ähnliche Bedeutung wie Fingerspielen zu. Als Kniereiter
bezeichnet man Spiele, bei denen die
Kinder auf dem Schoß eines Erwachsenen sitzen, der durch Auf- und Abwip-
pen der Beine eine Reitbewegung er-
zeugt. Meist wird die beruhigende,
rhythmische Bewegung plötzlich abge-
brochen und der Erwachsene lässt das
Kind nach hinten fallen, natürlich ohne
es loszulassen.

Sie können mit beiden Beinen gleichzeitig, aber auch abwechselnd mit dem
rechten und dem linken Bein wippen. Auf
diese Weise wird der Gleichgewichtssinn
in besonderer Weise angeregt, weil sich
das Kind selbst ausbalancieren muss.

Kinder genießen bei diesen Spielen vor
allem das vorhersehbare Aus-dem-Gleich-
gewicht-Kommen und können von diesen Spielen, die mit einem Vers oder einem kleinen Lied begleitet werden, selten
genug bekommen. Der wohl bekannteste
Kniereiter ist »Hoppe, hoppe, Reiter«.

Fährt ein Schifflein

Fährt ein Schifflein übers Meer,
schaukelt hin und schaukelt her,
schaukelt her und schaukelt hin,
kommt ein starker Sturm,
bläst mein Schifflein um – bumm!

Das Kind sitzt auf dem Schoß des Erwachsenen, der dem Text entsprechend
die Knie auf und ab und hin und her bewegt, damit das Schiffchen richtig schaukelt. Zu »kommt ein starker Sturm« bläst
der Erwachsene dem Kind kurz in die
Haare, bevor er es umfallen lässt.

Ist ein Mann in Brunnen g'fallen

Ist ein Mann in Brunnen g'fallen,
hab ihn hören plumpsen,
hätt ich ihn nicht rausgeholt,
wäre er ertrunken.

Das Kind reitet auf den Knien des Erwachsenen. Zu »plumpsen« öffnet der Erwachsene seine Knie und lässt das Kind
ein wenig herunterrutschen. Zuletzt holt
er es langsam wieder herauf und setzt es
sich wieder auf die Knie.

Sing- und Kreisspiele

Musik zu hören und sich zu bewegen gehören untrennbar zusammen. Sing- und Kreisspiele bieten deshalb eine hervorragende Möglichkeit, Kinder zu Bewegung zu motivieren und gleichzeitig das Gemeinschaftsgefühl zu stärken und Spaß in einer Gruppe zu erleben. Nicht selten nehmen sie einen hohen Stellenwert im Eltern-Kind-Turnen ein und gehören gewissermaßen zum Ritual eines Stundenablaufes. Anfangs- oder Schlusslieder und bestimmte Spiele müssen in jeder Stunde wiederholt werden und bilden für die Kinder einen Rahmen, der ihnen Sicherheit gibt und den Ablauf der Turnstunde überschaubar macht.

Am besten ist es natürlich, selbst zu singen und Kinder die Verbindung von Sprache und Bewegung auf diese Weise spüren zu lassen. So haben Sie auch die Möglichkeit, auf die Bedürfnisse in der Gruppe zu reagieren, das Tempo auf die Möglichkeiten der Kinder abzustimmen und Strophen und Bewegungen beliebig oft zu wiederholen. Eine rhythmische Begleitung der Bewegungen ist nicht nur durch Gesang und Sprache möglich, sondern auch durch den Einsatz von Körperinstrumenten wie Klatschen, Stampfen, Schnipsen oder einfachen Rhythmusinstrumenten wie Handtrommel oder Tamburin etc.

Übrigens habe ich bei der Suche nach Noten zu manchen überlieferten Singspielen festgestellt, dass »unsere« Melodien nicht selten ganz andere waren als die, die ich dazu in den Büchern gefunden habe. Trauen Sie sich also ruhig, eigene Melodien zu erfinden, wenn Sie nicht Noten lesen oder sich eine Melodie nicht einprägen können. Gerade bei geläufigen Singspielen und Liedern ist es ohnehin häufig so, dass sie regional etwas anders gesungen und gespielt werden. Oder dichten Sie einfach ein beliebtes und bekanntes Lied um, damit es für Ihre Anforderungen passt.

Die ersten beiden Singspiele sind besonders für den Stundenbeginn geeignet, weil sie zu vielen Variationen der Grundbewegungsformen Gehen, Laufen und Rennen anregen.

Wir fahren mit dem Auto

(Text und Melodie überliefert)

Wir fah-ren mit dem Au-to in die wei-te Welt. Wir
fah-ren mit dem Au-to, wo-hin es uns ge - fällt. Die

Am-pel rot, wir blei-ben stehn. Die
Am-pel grün, kann's wei-ter-gehn. Wir

fah-ren mit dem Au-to in die wei-te Welt.

Es gibt zwei Möglichkeiten zu spielen:

Alle fassen sich an den Händen und gehen im Kreis. Zu »Die Ampel rot« bleiben Sie stehen, zu »Die Ampel grün« gehen Sie weiter. Sie können die Kinder nach jeder Strophe fragen, mit welchem Fahrzeug sie noch fahren möchten (Dreirad, Bobby-Car, Fahrrad, Lastwagen, Omnibus, Traktor, Motorrad, Eisenbahn ...).

Oder: Jedes Kind und jeder Erwachsene bewegt sich allein durch den Raum. Wieder stellen sie verschiedene Fahrzeuge dar. Diesmal versuchen die Kinder, sich so zu bewegen, wie es für das entsprechende Fahrzeug typisch ist, also zum Beispiel ein Lenkrad zu drehen, einen Fahrradlenker zu halten, am Motorradlenker Gas zu geben und sich in die Kurven zu legen ...

Auf dem Bauernhof

(Text und Melodie aus England)

1. On - kel Jörg hat ei - nen Bauern - hof, hei - a, hei - a, ho.
Und da lau - fen ein paar Hüh-ner rum, hei - a, hei - a, ho.

Es macht tuk - tuk hier, es macht tuk - tuk da,

tuk - tuk hier, tuk - tuk da, tuk - tuk ü - ber - all.

2. ... Gänse ... gah-gah ...
3. ... Schweine ... oink-oink ...
4. ... Ziegen ... meck-meck ...

Es können unzählige Strophen erfunden werden (Kühe, Hunde, Katzen, Schafe, Hasen, Esel ...). Alle versuchen, sich wie die genannten Tiere zu bewegen und die entsprechenden Laute von sich zu geben.

Die Karussellfahrt

(Text und Melodie überliefert)

Auf der grü - nen Wie - se steht ein Ka - rus - sell,

ein - mal dreht sich's lang - sam, ein - mal dreht sich's schnell.

Von den letzten drei Zeilen wird die erste ge-sprochen, die anderen beiden nach der Melo-die von »Oh, du lieber Augustin« gesungen.

Anhalten! Einsteigen! Festhalten! Es geht los!
Rudi, rudi, rallala, rallala, rallala,
rudi, rudi, rallala, rallala, la.

Bilden Sie einen Kreis mit Handfassung, wobei sich immer abwechselnd ein Erwachsener neben ein Kind stellt. Nun bewegen sich alle gemeinsam im Kreis. Zu »Anhalten!« bleiben alle stehen, zu »Einsteigen!« heben die Kinder die Beine, zu »Festhalten!« stützen sich die Kinder mit ihren Unterarmen auf die der Erwachsenen und zu »Es geht los!« drehen sich alle wieder im Kreis. Sie können auch anhalten, die Handfassung beibehalten und die Kinder zur Mitte schwingen. Diese Karussellfahrten sollen meist gar kein Ende mehr nehmen!

Ich bin ein Karussell

(Text und Melodie überliefert)

Ich bin ein Ka - rus - sell, Ka - rus - sell, Ka - rus - sell und dreh mich auf der Stell', dreh mich auf der Stell'. Erst dreh ich mich lang - sam, ganz, ganz lang - sam. Dann dre - he ich mich schnell, dann dre - he ich mich schnell.

Alle verteilen sich im Raum und jedes Kind spielt für sich Karussell, indem es seine Arme weit ausbreitet und sich, zunächst langsam, dann schnell, auf der Stelle dreht. Später können sich auch jeweils zwei Spielpartner zusammenfinden, sich an beiden Händen über Kreuz fassen und sich zusammen drehen.

Schicke, schacke, Reiterpferd

(Text und Melodie überliefert)

Schi - cke, scha - cke, Rei - ter - pferd! Pferd ist nicht drei Pfen - nig wert.

Al - le klei - nen Kind - chen rei - ten auf dem Füll - chen.
Wenn sie grö - ßer wer - den, rei - ten sie auf Pfer - den.

Geht das Pferd - chen trib, trib, trab, fällt der klei - ne Rei - ter ab.

Der Erwachsene spielt das Füllen und das Pferd, auf dem das Kind reitet. Zuerst macht er sich dabei möglichst klein, dann möglichst groß und versucht, den kleinen Reiter abzuwerfen. Dabei wird der Gleichgewichtssinn und die Geschicklichkeit der Kinder geschult, die sich bemühen, sich auf dem »Pferderücken« zu halten.

Dieses Lied lässt sich auch gut im Turnen mit Kuscheltier und Puppe (siehe Seite 57–63) einsetzen. Die Kinder können dann selbst Pferdchen für ihr Kuscheltier spielen und vielleicht versuchen, es aufzufangen, wenn es fällt.

Ich bin ein dicker Tanzbär

(Text und Melodie überliefert)

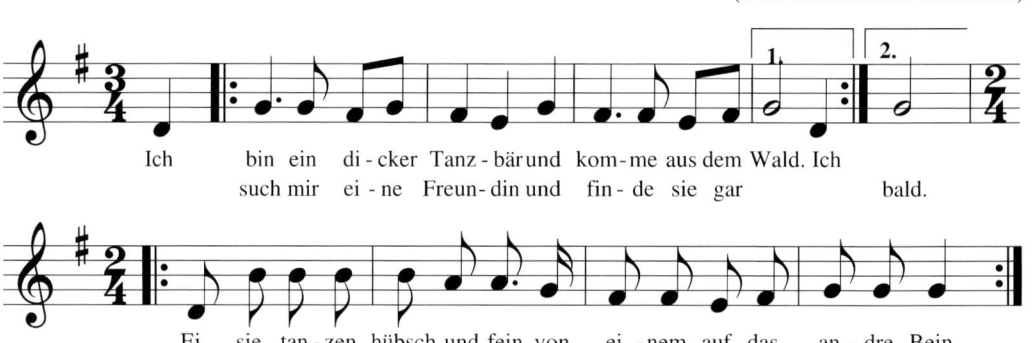

Ich bin ein di - cker Tanz - bär und kom - me aus dem Wald. Ich
such mir ei - ne Freun - din und fin - de sie gar bald.

Ei, sie tan - zen hübsch und fein von ei - nem auf das an - dre Bein.

Alle stehen im Kreis mit Handfassung, immer ein Erwachsener neben einem Kind. Nun wird unter den Kindern ein Tanzbär ausgewählt, der mit einem Erwachsenen um den Kreis geht. Wenn der Tanzbär sich einen Freund sucht, legt er eine Hand an die Stirn, als würde er sich suchend umsehen. Dann wählt er ein Kind aus, das sich gerade in seiner Nähe befindet, und tanzt mit ihm und seiner Mutter entweder im Kreis herum oder indem sie von einem Bein auf das andere Bein hüpfen. Nun geht das Spiel von vorne los, nur dass alle jetzt singen: »Wir sind zwei (drei, vier ...) kleine Tanzbär'n ...«. Zuletzt tanzen alle kleinen Tanzbären in einer Schlange zusammen mit den Erwachsenen.

Häschen in der Grube

(Text und Melodie überliefert)

Häs - chen in der Gru - be, saß und schlief,
saß und schlief, ar - mes Häs - chen

bist du krank, dass du nicht mehr hüpfen kannst? Häschen hüpf, Häschen hüpf!

Dieses Sing- und Bewegungsspiel ist bei den Jüngsten sehr beliebt: Alle befinden sich im Kreis in der Hocke. Ein Hasenkind sitzt mit seiner Mutter in der Mitte und tut, als ob es schlafen würde. Bei »Häschen hüpf!« springt das Hasenpaar in der Mitte auf und versucht die fliehenden anderen Hasen zu fangen. Das Kind, das erwischt wurde, darf anschließend zusammen mit seiner Mutter das Häschen in der Mitte des Kreises sein und das Spiel beginnt von Neuem.

Ein Hase sitzt im Grase

Ein Ha-se sitzt im Gra-se; so, so, so. Das reicht ihm bis zur Na-se; so, so, so. Da

hebt er sei-ne Bei-ne; so, so so; und rennt zu ei-nem Stei-ne; so, so, so. Der

Ha-se klet-tert auf den Stein und hüpft he-rum auf ei-nem Bein. Und

plötz-lich fällt er um. Bum.

Dieses Singspiel ist in allen meinen Gruppen ein Dauerbrenner! Leider ist mir die Quelle unbekannt.

Erwachsene und Kinder sitzen im Kreis in der Hocke und deuten mit den Händen die Hasenohren an. Dann zeigen sie dem Liedtext entsprechend auf ihre Nase, heben langsam ein Bein nach dem anderen und rennen auf der Stelle. Nun »klettern« sie auf den Stein, indem sie die Beine weit anheben und die Knie zum Oberkörper heranziehen, dann hüpfen sie auf einem Bein im Kreis. Den kleineren Kindern, die noch nicht auf einem Bein hüpfen können, reichen die Erwachsenen die Hand und unterstützen sie. Zuletzt lassen sich alle auf den Boden plumpsen.

Hurra, hurra, die Kinder kommen

(Text und Melodie überliefert)

Hur - ra, hur - ra, die Kinder kommen, die   Kinder kommen, die Kinder   kommen. Hur -

ra,   hur - ra,   die   Kinder   kommen, die   Kinder sind schon   da.

1. Hurra, hurra, die Kinder kommen ...
    Hurra, hurra, die Kinder kommen,
    die Kinder sind schon da.
    (Klatschen.)
    Sind die Kinder da? Jaaaaa!
    (Kinder hochwerfen.)

2. Hurra, hurra, die Mamis kommen ...
    Hurra, hurra, die Mamis kommen,
    die Mamis sind schon da.
    (Klatschen.)
    Sind die Mamis da? Jaaaaa!
    (Mamis hüpfen.)

Weiter geht es im Lied mit den Riesen, den Zwergen, den Elefanten und den Schnecken. Es können noch unzählige Strophen erfunden werden, z.B. Pferde, Katzen, Hunde, Autos, Polizeiautos, Feuerwehrautos ... Alle gehen hintereinander im Kreis und stellen die unterschiedlichen Tiere, Fahrzeuge und so weiter dar, gehen also langsam oder schnell, laut oder leise etc.

Hier ein paar Fortbewegungsarten, die gut geeignet sind, Haltungsschäden vorzubeugen:

Hunde –
    Alle gehen im Vierfüßlergang, mit leicht angewinkelten Knien.

Elefanten –
    Im Vierfüßlergang mit gestreckten Beinen gehen.

Krabben –
    Alle legen sich auf den Rücken, stellen die Füße möglichst nah am Po auf und stützen sich auf die Hände, heben dann Po und Bauch an und gehen rücklings im Vierfüßlergang, wobei das Gesäß nicht durchhängt.

Robben –
    Alle gehen in Bauchlage, legen die Füße dicht nebeneinander. Nun richten alle den Oberkörper ein wenig auf, indem sie sich auf die Unterarme stützen, und »robben« vorwärts.

Regenwurm –

Alle gehen in die gestreckte Bauchlage, legen die Hände neben die Schultern, ziehen sich zusammen (den Rücken rund machen und den Kopf einziehen) und strecken sich dann wieder vor.

Schlange –

In die gestreckte Bauchlage gehen und seitliche Schlängelbewegungen machen.

Raupen –

Alle legen sich, die Arme fest am Körper, auf den Rücken und versuchen, mit Hilfe der Beine langsam rückwärts zu kriechen. Die Beine werden dazu aufgestellt und schieben den ganzen Körper weiter, bis alle wieder ganz gestreckt sind. Es entsteht eine wellenförmige Bewegung.

Käfer –

Alle legen sich auf den Rücken und strampeln kräftig, mal langsam, mal schnell, mit den Beinen.

Was machen wir so gerne hier im Kreis?

(Text und Melodie überliefert)

Alle stehen im Kreis und klatschen zum ersten Teil des Liedes. Nun darf ein Kind sagen, was es gerne machen möchte. Die entsprechenden Bewegungen führen alle aus. Unsere Kinder stampfen, hüpfen, winken, tanzen, nicken, fliegen, schaukeln, klettern, fallen … gern. Zu »fliegen« fassen Sie die Kinder an einem Arm und Bein oder am Rumpf und schwingen sie im Kreis herum. Zu »schaukeln« fassen Sie sie in den Achseln und schwingen sie. Zu »klettern« fassen Sie sie an den Handgelenken, die Kinder umfassen dabei Ihre Daumen, nun dür-

Im Spiel »Was machen wir so gerne hier im Kreis?« ist Schaukeln oft die Lieblingsübung.

fen sie an dem Erwachsenen hochstei-
gen, manche wagen sogar einen Überschlag. Zu »fallen« lassen sich alle auf den
Boden fallen – der Phantasie sind keine
Grenzen gesetzt. Jedes Kind reihum darf
sich eine Bewegungsform aussuchen. Allerdings kommt es nicht selten vor, dass
fast alle Kinder dieselbe Bewegung wünschen und die Mütter dabei ganz schön
außer Puste kommen. Bei uns wurde aus
diesem Singspiel ein regelmäßig wiederkehrendes Schlussspiel.

Wir haben eine Ziehharmonika

(Text und Melodie überliefert)

Wir ha-ben ei-ne Zieh-har-mo-ni-ka tschinderassa, tschinderassa, bum, bum, bum!
ha-ben ei-ne Zieh-har-mo-ni-ka tschinderassa, tschinderassa, Wir

bum, bum, bum! Sie spielt uns im-mer wie - der die al-ler- schöns-ten Lie -

der. Wir haben eine Zieh-har - mo - ni - ka, tschinderassa, tschinderassa, bum, bum, bum

Bilden Sie einen Kreis und fassen sich an den Händen. Nun bewegen Sie sich folgendermaßen zum Text:

Wir haben eine Ziehharmonika –

   Alle bewegen sich zur Kreismitte.

tschinderassa, tschinderassa, bum, bum, bum! –

Alle gehen rückwärts zur Ausgangsposition zurück und stampfen mit den Füßen. Wiederholen!

Sie spielt uns immer wieder die allerschönsten Lieder –

   Von einem Bein auf das andere schaukeln oder sich im Kreis drehen, anschließend den ersten Teil noch einmal wiederholen.

Alle uns're Katzen

Diese Liedstrophen *(nach der Melodie von »Alle meine Entchen«)* mit den dazugehörenden Bewegungsanregungen habe ich ganz gezielt zur Förderung der Elastizität und Bewegungsfähigkeit der Wirbelsäule zusammengestellt. Sie motivieren zu vielen Übungen, die besonders geeignet sind, die Nacken- und Rücken- sowie die Brust- und Bauchmuskulatur zu kräftigen, wodurch die Wirbelsäule besser gestützt wird und Haltungsschäden vorgebeugt werden kann. Deshalb möglichst häufig einsetzen! Alle beschriebenen Übungen werden mehrmals wiederholt.

Alle uns're Katzen schlafen fest und tief,
schlafen fest und tief,
bis jemand aus der Nähe
laut ihren Namen rief.

Zunächst schlafen die Katzen noch, dazu knien alle auf dem Boden und legen die Unterarme vor den Knien auf den Boden, der Kopf liegt zwischen den Unterarmen.

Alle uns're Katzen wachen langsam auf,
wachen langsam auf,
sie lockern ihren Rücken
und den Bauch gleich auch.

Den Kopf heben und die Arme nach vorne ausstrecken. Bei leicht gebeugten Ellenbogen und erhobenem Kopf wird die Wirbelsäule weit nach unten durchgebogen. Dann die Arme strecken, den Kopf senken und die Wirbelsäule weit nach oben krümmen (Katzenbuckel).

Alle uns're Katzen strecken sich ganz
lang, strecken sich ganz lang,
heben ihre Pfoten vorn und hinten an.

Im Vierfüßler auf den Knien recken und strecken. Die Katzen heben die rechte Vorderpfote und strecken sie so weit sie können nach vorne. Dann die linke Hinterpfote möglichst weit nach hinten strecken. Mit der linken Vorderpfote und der rechten Hinterpfote wiederholen. Die Katzen machen sich dabei so lange als möglich.

Alle uns're Katzen wollen essen gehn,
wollen essen gehn,
doch müssen sie zuerst
ihr Futter richtig sehn.

Machen Sie die so genannte Rückenwelle, indem Sie aus dem Kniesitz mit aufgestützen Händen (Fingerspitzen zeigen zueinander) und erhobenem Kopf den Oberkörper so weit es geht flach am Boden entlang vorschieben und dann mit sehr rundem Rücken und gesenktem Kopf zurück in den Kniesitz kommen.

Alle uns're Katzen schleichen sich heran,
schleichen sich heran,
damit die Maus am Ende
auch nicht entkommen kann.

Alle schleichen auf Händen und Knien durch den Raum.

Da kommen viele Hunde, sie bellen laut
wauwau, sie bellen laut wauwau,
doch alle uns're Katzen
sind besonders schlau.

Nun werden alle zu Hunden und laufen im Vierfüßlergang (auf Händen und Füßen, Po nach oben) umher.

Sie rollen sich zusammen und spitzeln nur
gespannt, und spitzeln nur gespannt,

wenn alle Hunde fort sind,
ist die Gefahr gebannt.

Alle werden schnell wieder zu Katzen. Im Kniesitz abwechselnd den Rücken zusammenrollen und den Kopf einziehen, dann den Rumpf wieder aufrichten und die Arme hochstrecken.

Alle uns're Katzen kommen schnell heraus,
kommen schnell heraus,
sie schütteln sich vor Freude
und fangen eine Maus.

Nun gehen wir im Vierfüßlerstand in die Hocke und schütteln uns ein wenig, bevor wir zu einem gewaltigen Sprung ansetzen.

Musik-Stopp-Spiele

Auch wenn ich es in meinen Gruppen vorziehe, selbst zu singen, kommt der Musik von Kassette oder CD durchaus eine Funktion im Eltern-Kind-Turnen zu. Musik regt zur Bewegung an und wirkt gerade am Anfang häufig auflockernd und motivierend. In der Verbindung von Musik und Bewegung entfalten Kinder ihre Ausdruckskraft und entwickeln Bewegungsphantasie. Aber auch die Erwachsenen bewegen sich gleich viel freudiger und intensiver, wenn sie dies zur Musik tun können. Der Einsatz von Musik bewirkt häufig, dass unsere Bewegungen harmonischer und schwunghafter werden, weil Hemmungen und Verkrampfungen gelöst werden.

Eine Einsatzmöglichkeit der Musik von einem Tonträger sind die so genannten Musik-Stopp-Spiele. Die Teilnehmer bewegen sich zur Musik auf verschiedene, vorher angesagte Weise durch den Raum. Sobald die Musik aussetzt, bleiben alle stehen und erhalten eine Bewegungsaufgabe. Hier-

bei werden ganz nebenbei auch die akustische Wahrnehmungsfähigkeit und die Reaktionsfähigkeit geschult. Einige Beispiele: Wenn die Musik aussetzt, sollen sie sich eng zusammenkuscheln, schnell hinsetzen, dreimal auf der Stelle hüpfen, sich flach auf Bauch oder Rücken legen, miteinander tanzen, auf einem Bein stehen, jeweils zwei Spieler berühren sich mit bestimmten Körperteilen (z.B. mit den Nasen, mit dem Po ...), alle berühren eine bestimmte Farbe, die Eltern lassen die Kinder in die Luft fliegen oder schaukeln, alle bilden einen großen Kreis oder eine Schlange ... Hier bietet sich zudem eine gute Möglichkeit, die Ideen der Kinder und Erwachsenen aufzugreifen, wenn beispielsweise jeder, der möchte, einmal eine Aufgabe stellen oder eine Fortbewegungsart vorgeben darf.

Gefriertanz

Die Erwachsenen und Kinder tanzen zur Musik. Jedes Mal, wenn die Musik unterbrochen wird, sollen sie in der Bewegung verharren, in der sie gerade waren. Dabei kommen lustige Figuren zustande. Kleineren Kindern fällt es gar nicht so leicht, mitten in der Bewegung innezuhalten – Körperbeherrschung und ein guter Gleichgewichtssinn sind nötig.

Musik als Hilfe zur Entspannung

Musik verhilft uns dazu, uns zu entspannen und zur Ruhe zu kommen. Sie können deshalb ruhige Musik, z.B. Meditationsmusik, einsetzen, wenn Sie mit den Kindern Entspannungsübungen machen, ihnen kleine Geschichten erzählen oder Massagen durchführen. Hier wirkt die Musik nicht etwa aktionsfördernd, sondern beruhigend und unterstützt Ihre Sprache, Bewegungen oder Massagen.

Schlusslieder

Im Kreis stehend, werden folgende Bewegungen dem Text entsprechend ausgeführt:

Zur ersten Zeile klatschen.

Große Leute –
Alle strecken die Arme hoch in die Luft und stellen sich auf Zehenspitzen.

Kleine Leute –
Alle gehen in die Hocke und machen sich ganz klein.

Dicke Leute –
Alle breiten die Arme weit aus.

Dünne Leute –
Alle führen die Handflächen dicht zueinander.

Zur letzten Zeile wieder klatschen.

Alle Leut

(Text und Melodie überliefert)

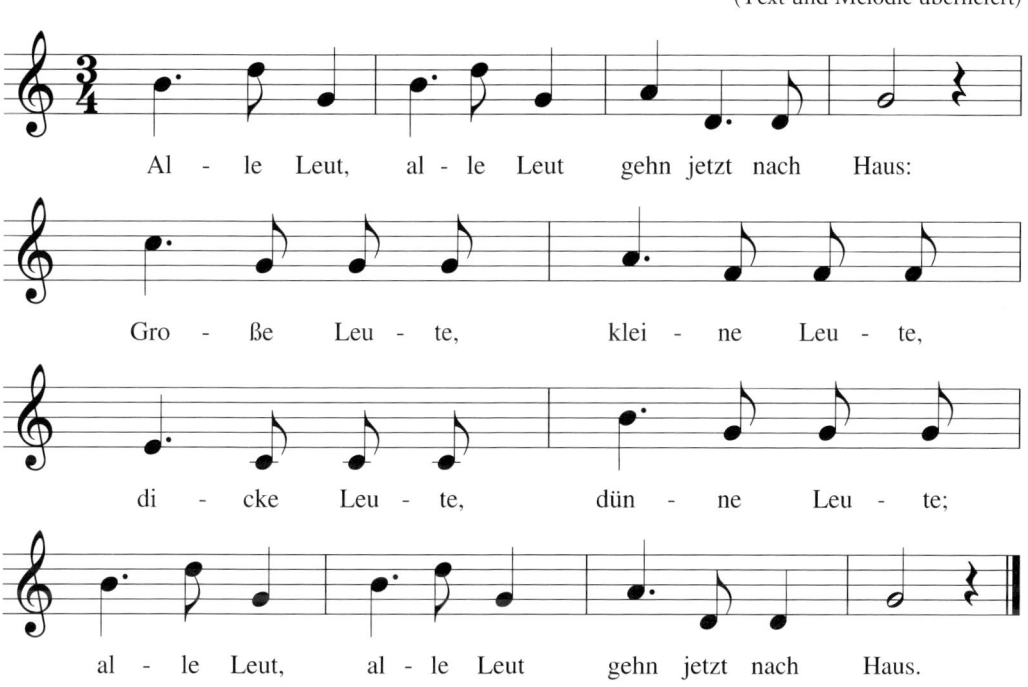

Al - le Leut, al - le Leut gehn jetzt nach Haus:

Gro - ße Leu - te, klei - ne Leu - te,

di - cke Leu - te, dün - ne Leu - te;

al - le Leut, al - le Leut gehn jetzt nach Haus.

Das Kinderturnen ist nun aus

1. Das Kin - der - tur - nen ist nun aus und al - le gehn ver - gnügt nach Haus. Fi - de

- ra - la - la, fi - de - ra - la - la, fi - de - ra - la - la - la - la.

Alle stehen im Kreis und singen nach der Melodie von »Ein Vogel wollte Hochzeit machen«:

2. Wir waren wie die Riesen groß und wie
   die Zwerge ganz famos, fiderallala ...
3. Doch einmal muss ein Ende sein, drum
   gehen wir jetzt alle heim, fiderallala ...
4. Wir winken uns, wenn wir jetzt gehen,
   und freun uns auf ein Wiedersehn,
   fiderallala ...

Zur ersten Strophe fassen sich alle zunächst an den Händen und klatschen zu »fiderallala«. Zur zweiten Strophe machen sich alle ganz groß, dann ganz klein. Zur dritten Strophe gehen alle auf der Stelle und zur letzten Strophe winkt sich die Gruppe zu.

Turnen ist für heute aus

(Text: überliefert, Melodie: Alle Vögel sind schon da)

Fußgymnastik

Ziel: Fußschäden, deren Hauptursache in einer Schwäche der Muskeln und des Bindegewebes liegt, vorzubeugen.

Geräte: Tücher, Kastanien, Steinchen, Seile, Reis-, Sand- und Bohnensäckchen, Korken, Styroporchips, Bälle, Igelbälle ...

Der Beweglichkeit und Kräftigung der Füße unserer Kinder wird häufig nicht genügend Aufmerksamkeit geschenkt. Dabei sind es die Füße, die uns ein ganzes Leben lang durch die Welt tragen. Sie tragen entscheidend zu einer guten Haltung bei und helfen so, Rückenschmerzen und anderen Beschwerden ähnlicher Art vorzubeugen. Wenn Kinder möglichst häufig barfuß laufen, bewirkt das eine Anregung der Fußreflexzonen und eine Verbesserung der gesamten Körperhaltung. Es ist daher sinnvoll, hin und wieder ein wenig Fußgymnastik durchzuführen. Wo sich Übungen mit einem bestimmten Material besonders anbieten, finden Sie sie gleich bei den Spielbeschreibungen zu diesem Material.

Zur Einleitung könnten Sie mit den Kindern folgenden Vers sprechen und die entsprechenden Bewegungen dazu ausführen:

Ich habe zwei Füße groß und stark,
die tragen mich den ganzen Tag.
Sie können rennen und wieder stehen,
sie können hüpfen und tanzen gehen.
An jedem sind fünf Zehen dran,
die fangen gleich zu zappeln an.
Und sind sie müde vom vielen Zappeln,
dürfen sie ins Bettchen krabbeln.

Zunächst stehen alle und zeigen nacheinander ihre Füße, indem sie die Beine gestreckt anheben und die Füße hin und her bewegen. Dann rennen, stehen, hüpfen und tanzen sie auf der Stelle, bevor sich alle auf den Boden setzen und gleichzeitig die Zehen beider Füße knubbeln und sie zappeln lassen. Zuletzt bedecken sie sie mit den Händen oder mit einem Tuch. Das Tuch kann dann gleich im Anschluss weiterverwendet werden (siehe Seite 70).

Aufwärmen

Nasenstüber

Erwachsene und Kinder gehen oder rennen paarweise durch den Raum. Auf ein Signal hin machen sie sich ganz groß, indem sie in den Zehenstand gehen. Die Kinder versuchen, den Erwachsenen mit dem Finger einen Nasenstüber zu geben.

Variation: Alle gehen als Riesen durch den Raum, wobei sie die Arme so hoch wie möglich heben und sogar die Finger nach oben zeigen. Sie können abwechselnd den einen, dann den anderen Arm stärker strecken. Dadurch kommt es zu einer Dehnung des ganzen Körpers.

Füße grüßen

Gehen Sie abwechselnd auf den Fersen und auf den Zehen durch den Raum. Dazwischen bleiben alle immer wieder stehen und begrüßen die Füße eines anderen, der gerade am nächsten ist, indem sie die Füße tüchtig ausschütteln und mit den Zehen wackeln.

Kräftigung der Muskulatur ohne Hilfsmittel

Raupenspaziergang

Alle sitzen am Boden und ziehen die Füße ganz zum Körper. Nun lassen Sie die Füße als kleine Raupen vom Körper weglaufen, bis die Beine ganz gestreckt sind, wobei sich die Zehen abwechselnd zusammenkrümmen und strecken.

Die Kinder dürfen sich mit den Händen stützen, die Erwachsenen versuchen es ohne Stütze.

Fußgruß

Setzen Sie sich einander paarweise gegenüber, sprechen Sie folgenden Vers und führen Sie die Bewegungen aus:

Sieh die vielen Zehen an,
wie ich mit ihnen tanzen kann.
Sie wackeln lustig hin und her,
das fällt den Zehen gar nicht schwer.
Sie winken sich ganz fröhlich zu
und geben einfach keine Ruh.
Am Schluss da winkt der ganze Fuß
den andern zu als Abschiedsgruß.

Gewitter

Sie können das Finger- und Berührungs-spiel »Gewitter« (siehe Seite 34) auch mit den Füßen durchführen, indem Sie zu-nächst mit den Zehen, dann mit der gan-zen Fußsohle und mit den Fersen auf den Boden trommeln.

Kräftigung der Muskulatur mit Hilfsmitteln

Hungrige Füße

Jeder Spieler erhält ein Papiertaschentuch, das er vor sich auf den Boden legt. Die Füße sind hungrig, deshalb beginnen die Zehen, das Taschentuch anzuknabbern: Durch wiederholtes Zusammenkrümmen der Zehen beider Füße lassen alle das Tuch unter den Fußsohlen verschwinden.

Kastanien sammeln

Verstreuen Sie Kastanien auf dem Boden. Die Kinder sollen nun versuchen, möglichst viele Kastanien in ein Körbchen zu sammeln, wobei sie nur mit den Füßen arbeiten.

Variation: Sie könnten auch »Kirschen« sammeln – Styroporchips eignen sich gut. Weil Kirschen empfindlich sind, müssen die Kinder viel vorsichtiger zupacken.

Oder: Styroporchips werden zu Edelsteinen und auf dem Boden verstreut. Die
Spieler schließen die Augen oder lassen
sie sich verbinden. Nun sollen sie sich
blind auf die Suche nach Edelsteinen machen, die ein Riese in der Dunkelheit verloren hat. Um die wertvollen Steine
nicht zu beschädigen, müssen die Schatz-
sucher ganz vorsichtig gehen und dürfen
nicht auf die Edelsteine treten. Bei dieser
Variation wird besonders der Tastsinn
angeregt.

Fußmalerei

Die Spieler erhalten ein Stäbchen oder einen Buntstift, den sie mit den Füßen ergreifen sollen. Nun dürfen sie in der Luft
oder auf einem großen Bogen Papier ma-
len. Nach einiger Zeit kommt der andere
Fuß an die Reihe.

Schnipselei

Alle erhalten ein Stück Seidenpapier oder
ein Papiertaschentuch, das sie mit den Zehen in möglichst viele kleine Schnipsel
reißen sollen. Wer kann alle seine Schnipsel mit den Zehen in eine kleine Schale legen?

Wir winken uns zu

Jeder darf mit seinen Füßen ein Tuch ergreifen und seinem Partner zuwinken.
Wer kann das auch mit dem anderen Fuß?

Hierbei wird gleichzeitig der Gleichgewichtssinn angeregt, weil wir auf einem
Bein stehen müssen.

Figuren legen

Es finden sich kleine Gruppen zusammen
und versuchen, nur mit den Zehen, aus
Steinchen oder Kastanien Figuren zu legen,
etwa eine Schlange, einen Kreis ...

Fußmassage

Im Hocksitz wird mit den Fußsohlen ein
Ball vor und zurück gerollt. Noch intensiver wird der Massageeffekt, wenn Sie einen Igelball verwenden.

Fußtanz

Legen Sie ein Seil vor die Gruppe, an
dem entlang sich alle hinsetzen. Nun
wird abwechselnd mit den Zehenspitzen
und den Fersen vor und hinter dem Seil
aufgetippt. Schwieriger wird es, wenn
alle die Füße gegeneinander bewegen,
also gleichzeitig mit den Zehen des einen Fußes und der Ferse des anderen
Fußes vor und hinter dem Seil aufgetippt wird.

Oder: Das Seil wird im Stand mit den Zehen eines Fußes ergriffen und hin und her
geschwungen oder im Rückwärtsgehen
ein Stück gezogen. Dann kommt der andere Fuß an die Reihe.

Turnen mit Kuscheltier und Puppe

Ziel: Vertraut werden mit dem Turnraum, allgemeine Kräftigung

Geräte: Kuscheltiere und Puppen

Neben Bällen und Luftballons bieten sich besonders Kuscheltiere als Spielgeräte für die erste Turnstunde an, weil sie Kindern, die zum ersten Mal ins Eltern-Kind-Turnen kommen, vertraut sind und Sicherheit vermitteln. (Aus diesem Grund finden Sie dieses Kapitel auch noch vor den darauf folgenden drei Stundenbildern, die Sie sich besonders dann anschauen sollten, wenn Sie zum ersten Mal eine Turngruppe anleiten und Informationen über Stundenaufbau und -ablauf suchen.)

Bitten Sie die Kinder, in der ersten (oder einer weiteren) Stunde ein Kuscheltier oder eine weiche Puppe mitzubringen. Halten Sie einige Kuscheltiere bereit, falls der eine oder andere sein Kuscheltier vergisst. Der Einfachheit halber spreche ich bei den folgenden Spiel- und Übungsbeschreibungen immer vom Teddy oder Kuscheltier, selbstverständlich kann auch eine Puppe eingesetzt werden.

Ein besonderer Übungsanreiz entsteht, wenn die Erwachsenen die Übungen zunächst mit den Kindern durchführen und die Kinder danach mit ihren Kuscheltieren üben – die Kuscheltiere sollen nämlich erfahren, was die Kinder künftig im Eltern-Kind-Turnen alles machen werden und wie viel Spaß sie dabei haben. So wird aus dem Eltern-Kind-Turnen ein lustiges Eltern-Kind-Kuscheltier-Turnen.

Aufwärmen

Teddylauf

Die Kinder nehmen ihren Teddy und gehen, laufen und rennen mit ihm und den Erwachsenen durch den Raum. Sie können sich vorwärts, rückwärts und seitwärts bewegen, klein wie ein Zwerg oder groß wie ein Riese. Nach einiger Zeit gehen sie in gebückte Haltung und lassen den Teddy nun selbst durch den Raum laufen. Die Erwachsenen gehen ihnen in der Hocke rückwärts voraus.

Kuscheltier nachahmen

Alle Kuscheltiere liegen in der Mitte. Nun darf ein Kind nach dem anderen sein Kuscheltier aus dem Berg heraussuchen und es vorstellen. Alle ahmen gemeinsam die typischen Bewegungen und Laute des Tieres nach.

Kuscheltier-Wettlauf

Alle Eltern-Kind-Paare stellen sich mit ihrem Kuscheltier auf einer Seite des Raumes nebeneinander auf. Auf ein Zeichen hin laufen sie um die Wette zur anderen Seite.

Sie können auch mit den Kuscheltieren Feuer-Wasser-Sturm oder andere Laufspiele durchführen (siehe Seite 24f.).

Federn, hüpfen, springen

Kängurus

Zunächst halten die Erwachsenen die Kinder dicht vor ihrem Körper, das Kuscheltier befindet sich in der Mitte eingeklemmt zwischen den beiden, und gehen, laufen oder hüpfen durch den Raum. Danach halten die Kinder ihr Kuscheltier eng vor ihrem Körper und bewegen sich damit durch den Raum, die Erwachsenen begleiten sie.

Oben drüber

Die Kinder sind müde und ruhen sich auf dem Boden liegend aus. Die Erwachsenen haben noch ein wenig Energie und übersteigen und überspringen ihr Kind. Dabei machen sie das Kind darauf aufmerksam, dass sie ganz vorsichtig sind, um ihm nicht wehzutun. Jetzt sind die Kuscheltiere müde und liegen auf dem Boden, vielleicht auf einem Tuch. Die Kinder übersteigen und überspringen nun ihr Kuscheltier mehrmals, natürlich auch, ohne es zu berühren, um ihm nicht wehzutun.

Hopserei

Das Kuscheltier darf auf einer Matratze oder Matte liegen, auf der ein Erwachsener und ein Kind, am besten mit Handfassung, miteinander hüpfen. Das Kuscheltier hopst dabei ganz von selbst.

Kräftigung der Muskulatur

Gute Aussicht

Der Erwachsene und das Kind sitzen einander mit gegrätschten Beinen gegenüber. Der Teddy möchte sich einmal alles von oben betrachten. Deshalb nimmt ihn das Kind in beide Hände und hebt ihn so hoch wie möglich. Der Erwachsene macht die Bewegungen mit. Damit der Teddy auch ganz hinten noch etwas sieht, versuchen beide nun, sich ein wenig zurückzulehnen. Wer kann das, ohne umzufallen? (Gleichgewicht!) Weil das sehr anstrengend ist, müssen sich alle ein wenig ausruhen und die Arme wieder herunternehmen, bevor sich der Teddy noch nach allen Seiten umsehen darf. Dazu heben alle die Arme wieder an und beugen den Oberkörper leicht nach rechts und links.

Kuscheltierschaukel

Ein Erwachsener und ein Kind stehen nebeneinander und halten ihr Kuscheltier zwischen sich. Indem sie nun im gleichen Rhythmus ihre Arme mit dem Kuscheltier an der Hand vor und zurück schwingen, lassen sie ihr Kuscheltier schaukeln.

Variation: Die Erwachsenen schwingen ihre Kinder vor und zurück, indem sie sie unter den Achseln oder an den Händen fassen. Dann halten die Kinder ihr Kuscheltier an den Pfoten und lassen es schaukeln, indem sie es kräftig zwischen den gegrätschten Beinen auf und ab schwingen.

Kniereiter

Der Erwachsene setzt sich sein Kind auf den Schoß und spielt mit ihm zu einem der Kniereiterverse (siehe Seite 36). Danach ist der Teddy auf dem Schoß des Kindes an der Reihe. Vielleicht können die Erwachsenen dazu klatschen.

Spinnen- und Krebsgang

Die Kinder stützen sich rücklings auf Hände und Füße auf und heben den Po an. Das Kuscheltier liegt dabei im Schoß. Nun bewegen sie sich vorwärts, rückwärts oder seitwärts. Der Po soll den Boden nicht mehr berühren und das Kuscheltier darf nicht herunterfallen. (Abb. Seite 62)

Schmuserei

Das Kind liegt zwischen den gegrätschten Beinen des Erwachsenen, die Beine legt es um dessen Körper. Er beugt sich zu ihm herunter und gibt ihm einen Kuss. Dann sitzt das Kind am Boden. Das Kuscheltier liegt zwischen den gegrätschten Beinen des Kindes. Das Kind beugt sich zu seinem Kuscheltier hinunter und gibt ihm an verschiedenen Körperstellen einen Kuss.

Schlepperei

Das Kind liegt auf dem Boden und wird vom Erwachsenen an Händen oder Füßen durch den Raum gezogen. Das Kuscheltier liegt auf seinem Bauch. Ist das Kuscheltier an der Reihe, müssen sich die Kinder dazu weit hinunterbeugen oder in die Hocke gehen und sich rückwärts bewegen. Das ist gar nicht so einfach!

Drunter und drüber

Erwachsener und Kind stellen sich hintereinander. Das Kind reicht sein Kuscheltier zwischen den gegrätschten Beinen an den Erwachsenen weiter und stellt sich hinter den Erwachsenen, der nun seinerseits das Kuscheltier zwischen den Beinen durchreicht. Beim nächsten Durchgang wird das Kuscheltier über den Kopf weitergereicht, wozu der Erwachsene in die Hocke gehen muss. Mehrmals im Wechsel spielen.

Geschicklichkeit und Gleichgewicht

Kuscheltierritt

Die Erwachsenen gehen in den Vierfüßler, die Kinder dürfen sich auf den Rücken setzen und reiten. Dann gehen die Kinder selbst in den Vierfüßler, das Kuscheltier wird ihnen auf den Rücken gelegt. Ganz vorsichtig beginnen sie, sich vorwärts zu bewegen, damit das Kuscheltier nicht herunterfällt. Wer kann mit dem Kuscheltier auch rückwärts gehen? Alle könnten dazu eines der Pferdchenlieder (siehe Seite 41) singen.

Kuscheltier-Karussell

Die Erwachsenen halten ihr Kind unter den Achseln und schwingen es im Kreis herum, bevor die Kinder ihr Kuscheltier mit beiden Händen halten und sich damit mal langsamer, mal schneller im Kreis drehen. Besonders lustig finden es die Kinder, wenn sie zum Abschluss mit einem lauten »Plumps!« zu Boden fallen. Sie können aber auch das Lied »Ich bin ein Karussell« (siehe Seite 40) singen.

Variation: Die Kinder stehen im Kreis und halten immer ein Kuscheltier zwischen sich und dem nächsten Kind. Nun singen und spielen sie das Kreisspiel »Die Karussellfahrt« (siehe Seite 39).

Kuscheltierbalance

Zunächst balancieren die Kinder und Erwachsenen über ein Seil oder eine Langbank. Dann dürfen auch die Kuscheltiere balancieren. Sie werden dabei von den Kindern geführt, die selbst in gebückter Haltung balancieren – eine deutliche Steigerung des Schwierigkeitsgrades!

Dies und das

Alle Kuscheltiere fliegen hoch

Die Erwachsenen nehmen ihre Kinder in die Arme und werfen sie ein wenig in die Luft – das bereitet den Kindern großes Vergnügen. Die Kinder dürfen nun ihrerseits ihre Kuscheltiere in die Luft werfen und wieder auffangen. Wenn wir auf Matten spielen, können sich die Kuscheltiere nicht wehtun, wenn sie einmal nicht gefangen werden.

Der Spinnen- und Krebsgang (Seite 60) kräftigt die Muskulatur von Oberschenkeln,
Armen und Bauch.

Verstecken

Abwechselnd verstecken einmal die Erwachsenen und einmal die Kinder die Kuscheltiere im Raum. Natürlich fällt es den Erwachsenen besonders schwer, die Kuscheltiere zu finden!

Ausruhen

Alle sind müde, ganz besonders die Kuscheltiere. Deshalb legen sich alle flach auf den Rücken, die Kinder legen sich ihr Kuscheltier auf den Oberbauch. Durch gleichmäßiges Ein- und Ausatmen hebt und senkt sich das Kuscheltier – es darf ganz sanft auf ihrem Bauch schaukeln. Gerade jüngeren Kindern fallen gezielte Atemübungen schwer, mit Hilfe des Kuscheltieres geht es jedoch wie von selbst.

Kuscheltiertanz

Alle tanzen mit ihrem Kuscheltier zu lustiger Musik oder singen nach der Melodie von »Brüderchen, komm, tanz mit mir«:

Kuscheltier, komm, tanz mit mir,
beide Hände reich ich dir.
Einmal hin, einmal her,
rundherum, das ist nicht schwer.
Ei, das hast du fein gemacht,
ei, das hätt ich nicht gedacht.
Einmal hin, einmal her,
rundherum, das ist nicht schwer.
Noch einmal dasselbe Spiel,
weil es mir so gut gefiel.
Einmal hin, einmal her,
rundherum, das ist nicht schwer.

Schluss

Als Abschlussspiel bietet sich besonders das Kreisspiel »Was machen wir so gerne hier im Kreis«? (siehe Seite 45) an. Die Kinder wiederholen nach jeder Strophe die Bewegungen, die sie selbst gerade gemacht haben, mit den Kuscheltieren. Sie lassen ihre Kuscheltiere winken, hüpfen, schaukeln, fliegen …

Die Kastanien-Kullerbahn
(Stundenbild)

So genannte Stundenbilder sind Übungseinheiten, die sinnvoll aufeinander aufbauen und in einer Dreiviertel- bis ganzen Stunde gut durchgeführt werden können. In der anschließenden »Ideenkiste« finden Sie weitere Übungen, die Sie dazunehmen oder gegen andere Spiele austauschen können, wenn Sie einen bestimmten Aspekt (z.B. Kräftigung der Muskulatur oder Reaktionsschulung) stärker betonen möchten. Wenn Sie zum ersten Mal eine Bewegungsgruppe leiten, bietet sich ein solches »fertiges« Stundenbild an – flexibles Eingehen auf die Bedürfnisse der Gruppe sollte aber immer Priorität haben.

Ziele: Anregung der Phantasie, Erlangen von Sicherheit beim Auf- und Abklettern an der Sprossenwand, dadurch Stärkung des Selbstvertrauens, Förderung von Geschicklichkeit und Gleichgewicht

Geräte: Papprollen, Kastanien oder Tischtennisbälle, Kreppklebeband, Keulen oder Flaschen, Bänke, eventuell Bälle, Sprossenwand; außerdem Kissenbezüge

Vorbereitung: Kastanien und Papprollen werden in Tastsäcken (Kissenbezug) versteckt.

Begrüßung

Singen und spielen Sie eines der Begrüßungslieder (siehe Seite 22).

Einleitung

Alle Kinder sitzen im Kreis. Die Übungsleiterin bringt die mit Kastanien und Papprollen gefüllten Säcke herein und schüttelt die geheimnisvollen Säcke ein paar Mal, bevor sie mit ihnen von Kind zu Kind geht: »Ihr dürft jetzt in die Säcke greifen und fühlen, was sich darin befindet. Wer weiß, worum es sich handelt, flüstert seine Vermutung seiner Mutti ins Ohr.«

(Achtung: Manche Kinder trauen sich nicht, in die Säcke zu fassen. Sie dürfen hineinspitzeln, aber ebenfalls nicht verraten, worum es sich handelt.) Wenn alle Kinder gefühlt haben, dürfen sie ihre Fühlerlebnisse beschreiben, bevor Sie das Geheimnis endgültig lüften.

»Stellt euch vor, die Kastanien liegen schon seit langem bei mir zu Hause und langweilen sich schrecklich. Nun habe ich mir überlegt, wie wir ihnen ein wenig Abwechslung verschaffen könnten. Und da kam mir die Idee, eine lange, lange Kullerbahn für sie zu bauen.«

Hier könnten Sie vorher die Ideen der Kinder erfragen, manche greifen spontan nach den Kastanien und lassen sie durch die Papprollen kullern. »Doch bevor wir damit beginnen, müssen wir erst einmal probieren, was wir mit unseren Papprollen alles machen können. Nimm dir zwei Rollen und gib eine davon deiner Mama oder deinem Papa.«

Aufwärmen

Wie standfest die Rollen wohl sind? Stellen Sie die Rollen willkürlich im Raum auf. Kinder und Erwachsene sollen nun zunächst um die Rollen herumgehen, ohne dass die Rollen berührt werden und umfallen. Auf ein Zeichen hin können die Spieler nun auch rückwärts gehen, laufen, rennen, über die Rollen steigen, darüber hüpfen … immer darauf achtend, dass sie nicht umfallen.

Hauptteil

Auf dem glatten Boden stehen die Rollen ganz gut, doch wie ist es, wenn der Untergrund uneben ist? Erwachsener und Kind stehen einander gegenüber und versuchen nacheinander, sich die Rollen auf den Kopf zu stellen – bleiben die Rollen stehen? Wie ist es, wenn sie versuchen, sich mit den Rollen auf dem Kopf zu bewegen? Die Rollen können auch auf verschiedenen Körperteilen balanciert werden, etwa auf dem Fußrücken, der Handfläche, im Vierfüßlerstand auf dem Rücken ...

Flüstertüten

Sie könnten die Papprollen als Flüstertüten verwenden und geheime Botschaften weitergeben, die kein anderer hören kann. Die Spieler gehen durch den Raum und dürfen jedem, dem sie etwas zu sagen haben, etwas ins Ohr flüstern.

Sturmwind

Ob die Rollen auch einem Windstoß standhalten? Die Spieler stellen die Rollen vor sich auf den Boden und versuchen, sie um- oder fortzupusten. Das geht sehr schwer, deshalb legen alle nun die Rollen auf den Boden und versuchen, sie vor sich her zu pusten.

Rolltest

Nun können Sie noch überprüfen, wie gut die Papprollen rollen. Die Spielpartner sitzen einander mit gegrätschten Beinen gegenüber und rollen die Toilettenrollen hin und her.

Dann gehen alle in den Vierfüßler und versuchen, die Rollen mit der Nase anzutreiben.

Formprobe

Jetzt überprüfen Sie doch einmal, ob die Rollen noch schön rund sind. Dazu stellen die Kinder eine Keule auf den Boden, stecken die Papprollen auf die Keule und nehmen sie vorsichtig wieder herunter. Wer schafft diese Prüfung, ohne dass die Keule umfällt? Anstatt der Keulen könnten auch Flaschen verwendet werden.

Rollenrutsche

Ob die Rollen schwindelfrei sind und von ganz weit oben herunterrollen können? Stellen Sie eine Langbank an die Sprossenwand, so dass eine schiefe Ebene entsteht. Die Kinder sollen nun die Sprossenwand besteigen, die Toilettenrolle von ganz oben herunterrollen lassen und dann selbst hinterherrutschen. Achten Sie darauf, wer Hilfestellung braucht.

Sortieranlage

»Alle unsere Rollen sind in Ordnung und funktionieren gut. Bevor wir nun unsere Kastanienrollbahn bauen können, sollten wir die Papprollen nach ihrer Größe sortieren, damit wir dann auch die zueinander passenden finden.«

Die Spieler versuchen jetzt, die Rollen nach Größe und Durchmesser zu sortieren. Hierzu schätzen sie die Größen zunächst mit den Augen ab, bevor sie die tatsächlichen Größenunterschiede durch Messen oder Ineinanderstecken der Papprollen erkunden.

Durch Vergleichen lernen die Kinder, groß – klein – mittel zu unterscheiden, beziehungsweise Vergleiche wie größer – kleiner, dicker – dünner zu ziehen. (Eventuell können Sie verschiedenfarbige Boxen zum Einsortieren bereitstellen.)

Kullerbahn-Baustelle

So, jetzt finden alle ganz leicht Papprollen, die gut zusammenpassen, und können mit dem Bau der Kastanien-Kullerbahn beginnen. Die Kinder dürfen nun die Papprollen mit Kreppband zusammenkleben, so dass eine lange Kugelbahn entsteht.

Kastanien-Kullerbahn

Jetzt kann es richtig losgehen. Tragen Sie die Kullerbahn zur Sprossenwand, die Erwachsenen halten die Kullerbahn gut fest. Die Kinder dürfen mit jeweils einer Kastanie die Sprossenwand erklimmen und die Kastanie durch das Rohr rollen lassen. Achtung: Reichen Sie den Kindern keine Kastanien, Sinn des Spieles ist es gerade, dass die Kinder so oft wie möglich an der Sprossenwand hinauf- und wieder heruntersteigen! So werden sie mit der Zeit immer sicherer. Anstatt der Sprossenwand könnten auch ein Tisch, einige Stühle und Kisten als Klettermöglichkeit zusammengebaut werden.

Schluss

»Nun werden unsere Kastanien langsam müde. Deshalb lassen wir sie jetzt in das Säckchen kullern oder sammeln sie wieder ein. Eure Kullerbahnen dürft ihr mit nach Hause nehmen, vielleicht habt ihr zu Hause auch Kastanien oder kleine Bälle, die ihr rollen lassen könnt.«

Alle singen das Abschlusslied.

❦ Ideenkiste

Federn, hüpfen, springen

Eingeklemmte Rollen

Alle klemmen die Papprollen zwischen ihre Oberschenkel und versuchen, damit zu hüpfen.

Einholen und überspringen

Alle rollen ihre Papprollen ein Stück vor sich her, rennen um sie herum und überspringen sie.

Kräftigung der Muskulatur

Rollenkran

Die Spieler sitzen auf dem Boden und klemmen die Papprollen zwischen ihre Füße. Nun versuchen sie, die Rollen hinter ihrem Kopf abzulegen, indem sie rückwärts abrollen. (Kräftigung der Fuß- und Bauchmuskulatur)

Rollenkarussell

Alle sitzen auf dem Boden und klemmen die Papprollen wieder zwischen ihre Füße. Jetzt lassen sie die Rollen Karussell fahren, indem sich alle um ihre eigene Achse drehen (Sitzkreisel).

Rollenautos

Alle sitzen auf dem Boden – die Rollen sind Autos oder Lastwagen, die um den Körper und die ausgestreckten Beine fahren.

Über die Rolle

Die Spieler sitzen im Strecksitz, die Papprolle steht neben den Beinen. Jetzt heben alle die Beine über die Papprolle von einer zur anderen Seite.

Variation: Sie können auch im Grätschsitz die Beine über der Rolle schließen. Die Rolle soll nicht umfallen!

Sterngucker

Alle liegen auf dem Bauch. Durch die Papprolle wollen sie die Sterne am Himmel betrachten. Dabei sollen sich die Arme vom Boden lösen. Den Po dafür fest anspannen!

Geschicklichkeit und Gleichgewicht

Schlagersänger

Schlagersänger halten meist ein Mikrofon in den Händen. Balancieren Sie einen Tennisball auf der Papprolle und bewegen Sie sich mit dem »Mikrofon« singend durch den Raum.

Rollen um die Rollen

Stellen Sie die Papprollen in einer Gasse auf und rollen Sie Bälle oder Kastanien um sie herum.

Klopperei

Zwei Spieler fassen sich an einer Hand. In der anderen halten sie eine Papprolle. Nun versuchen sie, sich gegenseitig auf den Po zu klopfen, ohne die Handfassung zu lösen.

Dies und das

Verbindungen

Bilden sie einen Kreis. Anstatt sich an den Händen zu fassen, halten Sie die Rollen zwischen sich. Nun lassen Sie den Kreis groß und klein werden.

Weiterreichen

Bleiben Sie im Kreis und geben eine Rolle vor oder hinter dem Körper weiter. Wenn die Kinder ein wenig geübter sind, können Sie mehrere Rollen dazu nehmen.

Variation: Alle stellen sich im Kreis hintereinander und geben die Rollen unter den gegrätschten Beinen hindurch oder über den Kopf weiter.

Oder: Sie sitzen im Kreis am Boden und geben die Rollen mit den Füßen weiter.

Rollenkegeln

Wenn Sie Bälle dazu nehmen, können alle die Rollen als Kegel aufstellen und mit den Bällen darauf zielen.

Auf Tuchfühlung
(Stundenbild)

Ziele: Förderung der Körperwahrnehmung, Kräftigung der Muskulatur, Geschicklichkeit

Geräte: Alte Bettlaken oder Wolldecken, einige kleinere Tücher, Luftballons und Bälle, Kassettenrekorder oder CD-Spieler

Wenn wir das Tuch mit den Händen fassen, um beispielsweise Bälle zu schleudern oder es zu schwingen, sollten unsere Daumen immer unten sein.

Ein besonders schönes Schwungtuch entsteht, wenn Sie mehrere Betttücher aneinander nähen.

Begrüßung

Singen und spielen Sie eines der Begrüßungslieder (siehe Seite 22).

Aufwärmen

Tücherlauf

Je zwei Erwachsene und zwei Kinder halten miteinander ein Tuch an seinen vier Ecken. Begleitet von schwungvoller Musik, setzen sie sich miteinander in Bewegung. Zunächst gehen sie langsam vorwärts und versuchen, dabei das Tuch möglichst gespannt zu halten. Dazu ist es notwendig, die Bewegungen und die Geschwindigkeit gut aufeinander abzustimmen. Nach einiger Zeit unterbrechen Sie die Musik und alle sollen stehen bleiben, um sich nach einer neuen Anweisung zu bewegen. Die Tuchträger können immer schneller, vorwärts, rückwärts, seitwärts gehen, hüpfen, springen, krabbeln ...

Variation: Alle verteilen sich um ein Bettlaken herum und halten es mit einer Hand fest. Diesmal starten alle gemeinsam, am besten zu Musik, und achten darauf, dass keiner das Tuch loslässt. Auch hier können Sie die Fortbewegungsarten verändern.

Regenwetter

Je zwei Erwachsene halten ein Tuch und bewegen sich damit in verschiedene Richtungen und mit wechselnder Geschwindigkeit durch den Raum. Weil es kräftig regnet, sollen alle Kinder versuchen, unter dem Tuch zu bleiben. Die Reaktion der Kinder wird geschult, weil sie schnell Tempo und Richtung ihrer Bewegungen anpassen müssen.

Kuschelhöhle

Die Tücher liegen am Boden, die Spieler laufen um die Tücher herum, ohne darauf zu treten. Auf Zuruf des Übungsleiters »Eins, zwei, drei, große Kuschelei!« sollen sich je ein Kind und ein Erwachsener unter einem Tuch verkriechen und ganz eng zusammen kuscheln. Mit dem Zuruf »Vier, fünf, sechs, weiter geht es jetzt!« werden alle wieder aus ihren Höhlen herausgelockt und sollen weiterrennen. Anstatt weiter um die Tücher zu rennen, könnten Eltern und Kinder auch vorwärts, rückwärts oder seitwärts, auf Zehenspitzen, im Fersengang ... um das Tuch gehen, laufen, hüpfen, krabbeln ... Sie könnten an der Tuchkante entlang balancieren, schleichen ... Zwischen allen Übungen dürfen Kinder und Eltern miteinander kuscheln. Der Wechsel zwischen Übungen und Kuscheln wirkt auflockernd und die Kinder bleiben gerne bei der Sache.

Hauptteil

Omnibus

»Nun seid ihr sicher müde, deshalb dürft ihr euch ein wenig ausruhen und eine kleine Omnibusfahrt unternehmen. Setzt euch dazu auf euer Tuch hinter- oder nebeneinander und haltet euch an den Kanten fest.« Die Kinder krabbeln auf das Tuch, das die Erwachsenen an den kurzen Seiten festhalten. Nach dem Startsignal »Alles einsteigen, die Fahrt kann beginnen!« ziehen die Erwachsenen die Kinder durch den Raum. Der Omnibus fährt mal langsam, mal schnell, manchmal fährt er geradeaus, ein andermal ist die Strecke sehr kurvenreich. Wenn sich zwei Omnibusse begegnen, dürfen die Kinder sich zuwinken. Weil sie dazu die Tuchkanten loslassen müssen, ist es schon ein wenig schwieriger, das Gleichgewicht zu halten. Beenden Sie die Fahrt mit dem Zuruf »Endstation, alles aussteigen!«. Ganz müde Kinder dürfen sich auch in das »Schlafwagenabteil« einer Eisenbahn begeben, das heißt, sie dürfen auf dem Bauch oder dem Rücken im Tuch liegen.

Anmerkung: Hier würde sich das Singspiel »Wir fahren mit dem Auto« (Seite 38) anbieten.

Abschleppwagen

Nun sind aber die Erwachsenen ganz müde und erschöpft. Sie würden auch gerne eine kleine Fahrt machen, aber sie schaffen es nicht mehr, in den Bus zu steigen. Deshalb kommt gleich der Abschleppwagen. »Glaubt ihr, dass ihr es schafft, die Erwachsenen abzuschleppen?« Es dürfen so viele Kinder zusammenhelfen, als nötig sind, um einen Erwachsenen ein Stückchen fahren zu lassen. Sollte sich der Omnibus gar nicht in Bewegung setzen, dürfen ein paar Kinder nachhelfen, indem sie gleichzeitig den Erwachsenen schieben. Die Kinder müssen sich ganz schön anstrengen, ihre Muskulatur wird gekräftigt.

Baumstamm rollen

»Jetzt habt ihr euch aber sehr anstrengen müssen. Deshalb dürft ihr euch auf dem Tuch ausstrecken und euch ausruhen. Atmet ein paar Mal tief in euren Bauch hinein und pustet die Luft kräftig wieder heraus. Habt ihr Lust, ein dicker, schwerer Baumstamm zu sein? Dann bleibt einfach flach liegen und legt eure Arme eng an den Körper. Wir versuchen, euch mit dem Tuch einzurollen – keine Angst, wir rollen euch gleich wieder aus.«

Die Kinder legen sich auf die Schmalseiten des Bettlakens und werden von den Erwachsenen eingewickelt und eingerollt. Wenn zwei Kinder gleichzeitig auf dem Tuch liegen, rollen Sie sie einfach bis zur Mitte und wieder zurück, weil ein anderer »Baumstamm« im Weg liegt. Durch das Eingehüllt- und Gerolltwerden kommt es zu einer intensiven Körperwahrnehmung.

Sollten sich einzelne Kinder zunächst nicht trauen, sich im Tuch einrollen zu lassen, können sie ohne Tuch gerollt werden. Für manche Kinder ist es auch eine Hilfe, wenn sie zunächst zusehen dürfen oder selbst einen Erwachsenen einrollen können. Dadurch kommt es zu einer Kräftigung der Muskulatur. Wer kann sich selbst wieder ausrollen?

Wetterwechsel

»Nun seid ihr bestimmt wieder ganz ausgeruht. Ihr dürft euch alle in Vögel verwandeln und schnell durch den Raum flattern. Wenn ich rufe: ›Es regnet!‹, sucht ihr schnell unter einem Regendach Schutz, bis die Sonne wieder scheint.« Je zwei Erwachsene halten ein Tuch als Regendach. Die Kinder flattern durch den Raum, ohne sich zu berühren, und fliegen unter das Regendach, wenn es regnet. Die Kinder können mit dem Tuch auch zugedeckt werden. Achtung! Nicht alle Kinder mögen das.

Sobald die Sonne wieder scheint, können die Vögel weiterfliegen. Sie könnten aber auch als Elefanten, Hunde, Hasen … starten oder als Autos, die bei Regen in die Garage fahren.

Kuschelversteck

»Seid ihr müde? Ihr dürft euch wieder ein wenig ausruhen. Kriecht unter ein Tuch und versteckt euch, eure Mutti soll euch suchen.« Während die Erwachsenen die Augen schließen, schlüpfen die Kinder unter die Betttücher und verstecken sich. Nun betasten die Erwachsenen die Kinder unter den Tüchern und versuchen, ihr Kind wieder zu finden. Beim Tasten benennen die Erwachsenen die ertasteten Körperteile. Später werden die Rollen getauscht.

Manche Kinder trauen sich nicht, sich zu verstecken, hier kann es hilfreich sein, wenn sich zuerst ein Teil der Erwachsenen versteckt. Das Betasten und Benennen der Körperteile führt zu intensiver Körperwahrnehmung.

Schattenboxen

Alle Kinder dürfen sich einen Ball (oder Luftballon) holen und ihn auf dem Tuch ablegen, das je zwei Erwachsene leicht gespannt halten. Die Kinder begeben sich darunter und versuchen, von unten so gegen die Bälle zu boxen, dass sie aus dem Tuch herausfallen.

Tuchfühlung

»Rennt wieder durch den Raum, die Erwachsenen schwingen das Tuch auf und ab. Aber Achtung, das Tuch ist heiß! Versucht unter dem Tuch durchzukommen, ohne davon berührt zu werden.« Später, wenn das Tuch »abgekühlt« ist, schleudern die Erwachsenen das Tuch in die Luft und die Kinder versuchen, schnell unter das Tuch zu gelangen, bevor es auf dem Boden landet. Da heißt es gut aufpassen und schnell reagieren.

Schildkröte

»Wenn das Tuch beim nächsten Mal auf euch gelandet ist, bleibt ihr unter dem Tuch. Ihr sollt jetzt eine Schildkröte sein, die durch den Raum geht.«

Die Kinder strecken den Kopf auf einer Seite des Bettlakens heraus, das Laken ist der Panzer der Schildkröte. Die Schildkröte soll sich nach den Anweisungen des Übungsleiters (schnell, langsam, im Kreis herum ...) durch den Raum bewegen. Es ist eventuell Hilfe nötig, bis alle Kinder die richtige Position unter dem Tuch gefunden haben. Es bedarf einiger Übung, bis alle Kinder ihre Bewegungen aufeinander abstimmen und sich alle tatsächlich in die gleiche Richtung bewegen.

Ballschleuder

Je ein Erwachsener und ein Kind nehmen ein Tuch, eventuell einmal gefaltet, damit die Schleuder nicht zu groß ist. Zwei Paare stellen sich gegenüber und legen einen Ball auf ein Tuch. Nun versuchen die Paare, sich den Ball gegenseitig zuzuschleudern.

»Wenn ihr die Bälle wieder aufgeräumt habt, dürft ihr zur Belohnung noch ein wenig schaukeln und Karussell fahren.«

Tuchschaukel

Zwei oder auch vier Erwachsene halten das Tuch, auf dem ein oder zwei Kinder sitzen oder liegen, und lassen die Kinder schaukeln. Manche Kinder möchten lieber im Tuch sitzen und sich an den Kanten halten, anderen gefällt es besonders gut, ganz vom Tuch umhüllt zu werden. Sie könnten auch wie in einem Karussell im Kreis gedreht werden. Lassen Sie Ihre Kinder entscheiden.

»Nun räumt ihr alle Tücher bis auf ein Tuch weg, dann treffen wir uns zu einem Kreis. Wir wollen noch ein lustiges Spiel miteinander spielen.«

Alle unsre Kinder sind verschwunden

Zunächst lassen alle ihre einzelnen Körperteile verschwinden, indem sie sie mit den Händen bedecken, und singen den entsprechenden Text dazu. Danach dürfen sich die Kinder unter dem Tuch verstecken. Manche Kinder trauen sich noch nicht gleich, zwingen Sie sie nicht dazu, sondern lassen Sie sie zusehen. Meist dauert es nicht lange, bis alle Kinder großes Vergnügen an dem Spiel haben und gar nicht mehr genug davon bekommen können. Es kommt zu einer intensiven Körperwahrnehmung, weil die Körperteile berührt und benannt werden.

(Text und Melodie überliefert)

Mei-ne   Hän-de sind ver-schwun-den! Ich ha-be kei-ne Hän-de   mehr.

Ei, da sind die Hän-de wie-der! Tra-la-la-la-la-la - la.
Ei, da sind die Hän-de wie-der! Tra-la-la-la-la-la -   la.

Schluss

Singen Sie Ihr Abschlusslied.

❤ Ideenkiste

Reaktionsschulende Aufgaben

Flattermann

Der Erwachsene fasst das Tuch in der Mitte und rennt mit ihm durch den Raum. Das Kind soll versuchen, das flatternde Tuch zu fangen. Nach einiger Zeit werden die Rollen getauscht.

Tuchfalle

Vier Kinder fassen das Tuch an den Ecken und versuchen, die anderen Kinder, die durcheinander rennen, einzufangen.

Kullerbahn

Die Erwachsenen falten das Bettlaken ein paar Mal zusammen und halten es schräg wie eine Rinne. Die Kinder dürfen nun Bälle oben in die Kullerbahn legen und sollen schnell ans andere Ende des Tuches rennen, um sie dort wieder aufzufangen.

Ball über die Wand

Zwei Erwachsene halten das Tuch als Wand senkrecht zwischen sich gespannt. Die anderen Spieler versuchen, einen Ball, Luftballon … über der Wand hin- und herzuwerfen.

Schlangen fangen

Das gedrehte Tuch wird zur Schlange und von einem Spielpartner durch den Raum gezogen. Der andere versucht, die Schlange zu erwischen, indem er sie ergreift oder darauf tritt.

Federn, hüpfen, springen

Graben überspringen

Rollen oder falten Sie das Tuch längs zusammen und legen es als Graben auf den Boden. Die Kinder und Erwachsenen sollen es nun auf verschiedene Weise, zum Beispiel vorwärts, rückwärts, im Schluss-sprung oder mit einem großen Schritt, überspringen. Später können auch zwei Erwachsene oder zwei Kinder das Tuch etwas hochhalten, die anderen springen darüber und kriechen darunter durch.

Kreisendes Seil

Der Erwachsene dreht sich mit dem zu einem Seil gedrehten Tuch um die eigene Achse. Das Kind muss aufpassen, wann das Seil kommt, und rechtzeitig hoch-springen. Am Anfang kann das Seil dazu auf dem Boden schleifen, später auch etwas höher gehalten werden.

Kräftigung der Muskulatur

Spitzelei

Je zwei Erwachsene und zwei Kinder liegen auf dem Bauch, fassen das Tuch an den Ecken und spannen es. Auf das Signal »oben drüber« oder »unten durch« halten sie das Tuch hoch und versuchen, einander über oder unter dem Tuch anzusehen. Hierbei kommt es nicht nur zu einer Kräftigung der Muskulatur, die Bewegungen müssen auch aufeinander abgestimmt werden.

Tauziehen

Das Tuch wird zu einem Seil zusammen-gerollt und an beiden Enden von den Mit-spielern ergriffen. Wer schafft es, die Spie-ler auf der anderen Seite ein wenig von ih-rem Platz zu ziehen?

Seegang

Die Mitspieler halten das Bettlaken an den Kanten und versuchen – durch weit ausholende Bewegungen mit dem ganzen Arm oder durch kleine Bewegungen aus dem Handgelenk – hohe oder flache Wel-len zu erzeugen. Sie können dazu auch tief in die Hocke und wieder hochgehen. Oder sie erzeugen Wellen, indem sie das Tuch sitzend oder auf dem Bauch oder Rücken liegend schwingen.

Riesenschlange

Am besten knoten Sie mehrere Tücher aneinander. Alle großen und kleinen Tur-ner halten nun das so entstandene Seil und bewegen sich gemeinsam durch den Raum. Dabei können sie das Tempo ver-ändern oder das Tuch abwechselnd hoch in der Luft oder tief am Boden halten.

Tauchgang

Mehrere Mitspieler sitzen um das Bett-tuch und fassen es mit beiden Händen an. Nun ziehen alle so kräftig am Tuch, dass sie langsam auf dem Po unter das Tuch rutschen. Wenn alle unter dem Tuch ver-schwunden sind, lassen sie es flattern, in-dem sie kräftig mit den Beinen strampeln.

Fußgymnastik

Anheben und Glätten

Alle ergreifen das Tuch mit den Zehen, heben es ein wenig an, lassen es wieder los und versuchen, es mit den Füßen wieder glatt zu streifen.

Zuwinken

Mehrere Spieler setzen sich um ein Tuch, greifen es mit den Zehen und schwingen es. Sie winken sich mit dem Tuch zu. Das geht leichter, wenn sie sich dabei an den Händen fassen, weil sie so das Gleichgewicht besser halten können.

Dies und das

Luftballontanz

Legen Sie viele Luftballons oder Bälle auf das Tuch und versuchen Sie, sie durch Auf- und Abschwingen des Tuches tanzen zu lassen – kein Luftballon soll auf dem Boden landen. Sie könnten die Ballons auch hin und her rollen lassen.

Windmaschine

Mehrere Spieler fassen miteinander ein Tuch und schwingen es möglichst kräftig auf und ab, um Wind zu erzeugen. Sie können dabei stehen, im Schneidersitz sitzen, auf dem Bauch liegen ...

Kitzelei

Die Kinder dürfen sich im Betttuch verstecken und werden gekitzelt. Anhand des Lachens sollen sie erkannt werden.

Feuerwerk

Beginnen Sie wie nebenan, aber zuletzt schleudern Sie die bunten Luftballons durch eine kräftige Bewegung aus dem Tuch. Es könnten auch ein paar Kinder darunter stehen, auf die das Luftballon-Feuerwerk niedergeht.

Schmetterling

Zwei Erwachsene halten das Tuch, ein Kind liegt quer darauf und breitet Arme und Beine aus. Der Schmetterling fliegt von Blume zu Blume, dazu wird das Bettlaken schaukelnd vor und zurück bewegt. Der Schmetterling kann auch hoch auf einen Baum flattern oder vom Wind ein wenig durchgeschüttelt werden. Zuletzt landet er wieder sicher auf dem Boden. Passen Sie Ihre Bewegungen den Wünschen Ihres Kindes an.

Der Luftballontanz ist auch ein tolles Spiel für Kinderfeste.

Tuchkarussell

Zwei oder vier Erwachsene halten ein
Bettlaken an den Kanten. Ein oder zwei
Kinder krabbeln darauf und legen oder
setzen sich hin. Die Kinder dürfen das
Tuch an den Kanten halten. Nun beginnt
sich das Karussell erst langsamer, dann
immer schneller zu drehen. Passen Sie die
Geschwindigkeit den Wünschen der Kinder an. Auch ein Richtungswechsel ist
möglich. Sie könnten dazu folgenden
Vers sprechen:

> Das Karussell, das Karussell
> dreht sich mal langsam und mal schnell,
> mal rechts herum, mal links herum,
> am Schluss, da fallen alle um.

Die Kinder können auch einmal versuchen, einen Erwachsenen zu drehen. Als
Erweiterung eignet sich auch das Singspiel »Ich bin ein Karussell« (siehe Seite
40).

Päckchen packen

Wickeln oder rollen Sie einen Erwachsenen oder ein Kind, das sich traut, als Päckchen in das Tuch und transportieren Sie
es ein Stück. Dann wird das Päckchen
wieder ausgepackt. (Die Körperwahrnehmung wird geschult.) Schafft es jemand,
sich selbst einzurollen?

Schlafen legen

Die Kinder werden in den Tüchern schlafen gelegt und wieder aufgeweckt. Das
wird besonders lustig, wenn Sie jeden
Körperteil einzeln aufwecken, indem Sie
ihn benennen und wachkitzeln.

Li-La-Luftballon
(Stundenbild)

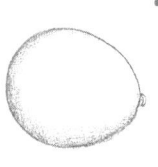

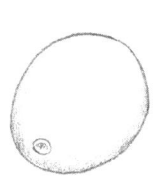

Ziele: Gewandtheit, Geschicklichkeit, Reaktionsvermögen, Kreativität, Erlangen von Sicherheit im Werfen und Fangen, Vorbereitung zu Spielen und Übungen mit Bällen

Geräte: Luftballons, Leintücher, Kopfkissenbezüge, Handtrommel, Reifen, eventuell Wasserbälle

Begrüßung

Singen und spielen Sie eines der Begrüßungslieder.

Aufwärmen

Luftikus

Treffen Sie sich im Kreis. Alle bekommen einen Luftballon, den der Erwachsene zunächst aufbläst und dann durch den Raum schwirren lässt. Die Kinder dürfen beobachten, wie lustig sich der

Blasen Sie die Luftballons nicht zu groß auf, sonst platzen sie leicht und die Kinder erschrecken. Für viele der vorgestellten Übungen eignen sich auch Wasserbälle ganz ausgezeichnet!

Luftballon bewegt, und können dann versuchen, diese Bewegung nachzuahmen, indem sie ebenfalls durch den Raum schwirren und schließlich am Boden landen.

Luftballonlaufereien

Nun gehen, laufen und rennen alle mit den Luftballons durch den Raum. Indem sie die Luftballons hoch über ihre Köpfe halten und auf Zehenspitzen gehen, werden sie zu Riesen, indem sie im Hockgang gehen und den Luftballon knapp über dem Boden am Körper halten, werden sie zu Zwergen. Wer dann den Luftballon zum Lenkrad umfunktioniert, wird zum Auto – beugen Sie sich weit in die Kurven. Wenn Sie die Luftballons während des Rennens hin und her schwenken, werden sie zu Fahnen, die im Wind flattern.

Alle legen die Luftballons auf den Boden und rennen durch den Raum, ohne einen Luftballon zu berühren. Achtung, die Luftballons bewegen sich durch den Luftzug!

Hauptteil

Bevor Sie mit der Luftballon-Reise beginnen, sollten Sie die Kinder mit dem Luftballon frei spielen lassen. Sie benötigen dazu ausreichend Zeit, um die Bewegungsmöglichkeiten mit dem Luftballon auszuprobieren. Ohne dieses freie Spiel werden die Kinder nachher kaum bei der Sache bleiben können, weil die bunten Luftballons einen starken Bewegungsreiz auslösen. Sollte die Zeit knapp werden, lassen Sie einfach die Bewegungsübungen aus, die die Kinder schon von selbst ausgeführt haben (zum Beispiel Werfen und Fangen ...).

Jeder Luftballon steigt nun in ein Auto und begibt sich auf eine lange Reise. Er muss Berge überwinden und Tunnel durchfahren, bis er endlich im Hotel ankommt und allerlei erlebt. Hier können Sie die Erlebnisse und Ideen der Kinder einbauen – vielleicht beginnt die Reise dann zunächst auf der Autobahn und führt erst danach ins Gebirge ...

Luftballon-Reise

Das Auto fährt zuerst um einen Berg. Die Spieler sitzen hierzu im Schneidersitz und rollen den Luftballon um sich herum. Wenn er den hohen Berg umfahren hat, kommt er auf eine lange, gerade Autobahn. Alle strecken die Beine und umfahren sie mehrmals mit dem Auto.

Jetzt fährt das Auto wieder ins Gebirge. Es durchfährt mehrere Tunnel und umrundet noch mal einige Berge: Die Füße leicht aufstellen und das Luftballonauto in der Form einer Acht unter den Beinen hindurchrollen, um die Füße herum, wieder unter den Beinen durch und um den Po herum. Es kommt zu einer Dehnung und Streckung der Muskeln.

Aufzug

Nun sind alle am Hotel angekommen und der Luftballon darf aussteigen und Aufzug fahren. Dazu sitzen die Spieler wieder auf dem Boden und klemmen den Luftballon zwischen die Füße. Die gestreckten Füße bewegen den Luftballon nun abwechselnd in die Luft und wieder zurück. Das Liftfahren macht dem Luftballon Spaß! Wer schafft es, den Luftbal-

lon ganz oft auf und ab fahren zu lassen, ohne den Boden zu berühren? Vielleicht fährt der Luftballon auch einmal seitlich wie auf einem Fließband hin und her. Die Kinder dürfen sich mit den Händen abstützen, die Mütter sollen frei sitzen. Die Bauchmuskulatur wird gekräftigt.

Tanzerei

Luftballons tanzen auch gerne, am liebsten in der Luft. Alle versuchen, den Luftballon mit den Händen oder jedem beliebigen Körperteil in die Luft zu kicken und ihn möglichst lange in der Luft zu bewegen, ohne dass er den Boden berührt.

Luftballon-Rutsche

Nachdem die Luftballons sich ausgeruht haben, gehen sie auf den Spielplatz.
Der Luftballon steigt gleich ein paar
Mal auf eine hohe Rutsche: Auf den Füßen ablegen, die Beine sind gestreckt
und in der Luft. Nun lassen alle den
Luftballon los, damit er in den Schoß
rutschen kann.

Luftballon-Karussell

Da hat der Luftballon ein Karussell entdeckt und steigt auch gleich hinein. Alle
klemmen ihn wieder zwischen die Füße,
die sie ein Stück vom Boden abheben.
Und schon kann die Fahrt losgehen. Zur
Karussellfahrt drehen sich alle um die eigene Achse, die Hände helfen mit (Sitzkreisel). Hierzu könnten Sie das Lied »Ich
bin ein Karussell« (Seite 40) singen.

Flugzeug

Alle Luftballons fliegen gerne, deshalb
möchte der Luftballon Flugzeug spielen.
Dazu klemmen ihn alle zwischen die Füße
und legen sich auf den Rücken. Den Luftballon langsam abheben lassen, indem
sich die Beine vom Boden lösen. Nach einem Flug durch die Luft, im hohen Bogen über den Körper, lassen alle den Luftballon hinter ihrem Kopf landen. Nun
drehen sich alle um die eigene Achse und
beginnen das Flugzeugspiel von neuem.

Luftballon-Luftsprung

Das hat dem Luftballon so viel Spaß gemacht, dass er vor Freude in die Luft
springen möchte. Die Gruppe legt sich
auf den Bauch, fasst ihn mit beiden Händen und hebt und senkt die Arme. Wer
genügend Schwung hat, schleudert den
Ballon in die Luft.

Begrüßungsrunde

Jetzt erst hat der Luftballon gemerkt,
dass noch viele andere Kinder auf dem
Spielplatz sind. Natürlich will er schnell
alle Kinder kennen lernen. Alle setzen
sich im Kreis und legen ihren Luftballon
hinter dem Rücken ab. Ein Kind beginnt: Es klemmt seinen Luftballon zwischen seine Füße und reicht ihn an seinen Nachbarn weiter. Wenn der Luftballon einmal im Kreis herum ist, kommt
der Nächste an die Reihe. Die Kinder
könnten dazu sprechen: »Guten Tag, auf
Wiedersehen«.

Luftballon-Flug

Am liebsten würden die Luftballons noch
mal fliegen, diesmal aber so hoch als möglich. Alle versuchen, den Luftballon möglichst hoch in die Luft zu werfen. Wer
schafft es, den Luftballon wieder zu fangen, damit er sich bei der Landung nicht
wehtut?

Wetthüpfen

Die Luftballons wollen ein Wetthüpfen miteinander machen. Dazu den Luftballon hoch über dem Kopf halten und mit geschlossenen Beinen hüpfen (Schlusssprung).

Variante: Den Luftballon zwischen die Beine klemmen und versuchen, damit zu hüpfen. Wer schafft es, auf diese Weise eine bestimmte Strecke zurückzulegen oder dreimal oder öfter hintereinander zu hüpfen, ohne den Luftballon zu verlieren?

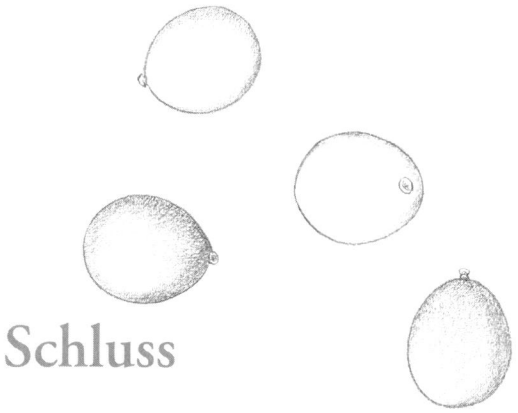

Schluss

»Jetzt sind auch unsere Luftballons völlig erschöpft und würden am liebsten schlafen. Hier in der Halle ist aber immer etwas los, deshalb habe ich für euch Schnüre

Luftballon-Balance

Wer kann seinen Luftballon auf einem Körperteil, zum Beispiel der flachen Hand, der Nase, dem Knie, balancieren?

Luftballon-Betten

»Mich hat mein Luftballon ganz müde gemacht. Habt ihr auch Lust, ein wenig auszuruhen und zu kuscheln? Kommt, wir machen uns ein gemütliches Luftballon-Bett.« Stecken Sie in jeden Kissenbezug ein paar Luftballons (nicht zu prall!). Die Kinder können sich auf die Luftballon-Kissen legen und sich damit zudecken lassen. Es bereitet den Kindern ein großes Vergnügen, sich auf dem wabbeligen Kissen hin und her zu drehen.

mitgebracht, mit denen ihr eure Luftballons anbinden und mit nach Hause nehmen könnt.«

Es folgt das Schlusslied.

 Ideenkiste

Reaktionsschulende Aufgaben

Fußball

Der Luftballon wird zum Fußball, den alle durch den Raum kicken. Sie können auch einem Partner zuspielen oder versuchen, in ein Tor zu treffen. Dazu hält der Erwachsene einen Reifen senkrecht am Boden.

Kopfball

Weil man sich mit Luftballons nicht wehtun kann, können Sie damit auch Kopfball spielen. Abwechselnd zielt der Erwachsene auf den Kopf des Kindes, dann wieder das Kind auf den Kopf des Erwachsenen.

Kräftigung der Muskulatur

Nashorn

Alle gehen auf die Knie. Das Nashorn ist auf Futtersuche. Jeder versucht, sein Futter (den Luftballon) mit der Nase vorwärts zu stoßen – alle krabbeln auf Händen und Knien. Mit einem Reif, Kreide oder einer Schnur können Sie ein Ziel markieren.

Bärenfamilie

Alle Spieler sind Bären, die ihr Bärenjunges nach Hause bringen möchten. Dazu gehen sie in den Vierfüßlerstand und stupsen das Bärenkind (Luftballon) mit der Nase vorwärts. Sie bewegen sich im Bärengang vorwärts, also auf Händen und Füßen (nicht auf den Knien!). Als Bärenhöhle könnten Sie wieder einen Reifen einsetzen.

Schlange und Maus

Legen Sie sich als Schlange flach auf den Boden und versuchen, den Luftballon, der jetzt eine Maus sein soll, kriechend mit dem Kopf vorwärts zu schieben.

Katzbuckeln

Einer der beiden Partner kniet auf dem Boden und macht ein Hohlkreuz, der andere lässt einen Luftballon auf dessen Rücken fallen. Der Kniende versucht, den Luftballon wieder hochzuschleudern, indem er schnell einen Katzenbuckel macht.

Gabelstapler

Das Kind legt sich mit leicht gegrätschten Beinen bäuchlings auf den Boden und macht sich steif wie ein Brett. Der Erwachsene stellt sich zwischen seine Beine und hebt das Kind am Becken gefasst hoch. Nun darf das Kind Gabelstapler spielen: Es nimmt den Luftballon auf und legt ihn an einer anderen Stelle wieder ab. Das stärkt die Rückenmuskulatur. Noch schwieriger wird es, wenn die Kinder den Luftballon etwas erhöht, zum Beispiel in einen Korb, legen sollen.

Dickbauch

Jeder klemmt seinen Luftballon unter den Pulli, so dass alle ganz dicke Bäuche bekommen. Mit diesen dicken Bäuchen gehen sie durch den Raum und stoßen einander an.

Geschicklichkeit und Gleichgewicht

Aufstehen mit Luftballon

Alle halten ihren Luftballon mit den Händen über dem Kopf. Nun versuchen sie sich hinzusetzen und wieder aufzustehen. Das ist gar nicht so einfach, wenn die Hände nicht mithelfen können, und eine gute Übung fürs Gleichgewicht.

Stirn an Stirn

Zwei Partner stehen sich gegenüber und klemmen den Luftballon zwischen die Stirn. Nun versuchen sie, auf den Boden zu gehen. Wer schafft es bis zur Bauchlage, ohne den Luftballon zu verlieren? Sie können auch miteinander tanzen, ohne dabei den Luftballon zu verlieren. Wer ihn fallen lässt, scheidet aus. Wenn Kinder und Erwachsene zusammen tanzen, können die Erwachsenen ihre Kinder auch auf den Arm nehmen. (Siehe Abb. Seite 90)

Werfen und Fangen

Durch den Reifen

Zwei Spieler halten einen Reifen in die Luft. Ein Erwachsener und ein Kind versuchen, sich den Luftballon durch den Reifen zuzuspielen. Nach einiger Zeit wechseln die Spieler, die den Reifen halten, mit den Spielern, die sich den Luftballon zuspielen.

Löwenfütterung

Ein Erwachsener ist der Löwe. Sein hungriges Löwenmaul ist weit geöffnet. Dazu hält er vor sich einen Reifen. Nun versuchen die Kinder, den Löwen zu füttern, indem sie die Luftballons in den Reifen werfen. Das wird schwieriger, wenn sich der Löwe bewegt.

Werfen, klatschen, fangen

Wer kann den Luftballon in die Luft werfen, in die Hände klatschen und ihn wieder fangen?

Fangübungen

Wenn die Kinder im Werfen und Fangen immer sicherer werden, können Sie ihnen Fangübungen in allen Variationen anbieten, z.B.:

- Sie werfen Ihrem Kind den Luftballon mit einer Hand zu, das Kind versucht, ihn zu fangen und ihn mit einer Hand zurück zu werfen. Beim Werfen kommen abwechselnd beide Hände zum Einsatz.

- Sie sitzen mit gestreckten Beinen am Boden und klemmen sich den Luftballon zwischen die Füße, Ihr Kind kniet nicht weit vor Ihnen und versucht, den Luftballon zu fangen, den Sie ihm mit den Füßen zuwerfen. Rollentausch!

Bei der Übung »Stirn an Stirn« (Seite 88) ist gutes Teamwork gefragt.

Dies und das

Pusterei

Das Kind und der Erwachsene liegen einander gegenüber auf dem Bauch. Nun versuchen sie, einen Luftballon hin- und herzupusten. Sie könnten auch ein Wettpusten veranstalten, wenn Sie eine Start- und Ziellinie markieren.

Luftballon-Pantomime

Zunächst zeigen Sie den Kindern einen unaufgeblasenen Luftballon, dann blasen Sie ihn mehrmals auf und lassen wieder ein wenig Luft entweichen. Zuletzt blasen Sie ihn kräftig auf, lassen ihn los und beobachten, wie der Luftballon wild umherschwirrt, wenn die Luft plötzlich herauszischt. Jetzt dürfen die Kinder Luftballons sein. Zunächst liegen sie »unaufgeblasen«, also völlig entspannt, am Boden, bis sie von den Erwachsenen mehrmals ein wenig aufgeblasen werden – »blasen« Sie an einer vorher vereinbarten Stelle. Die Kinder versuchen anzuschwellen, indem sie die verschiedenen Körperteile »aufblasen«, also in Spannung versetzen. Zuletzt dürfen sie wie ein Luftballon, wenn die Luft entweicht, schnell umherschwirren, bis sie wieder zusammensinken.

Dieses Spiel führt zu einer bewussten An- und Entspannung, die gerade jüngeren Kindern häufig noch schwer fällt. Die Körperwahrnehmung wird intensiviert.

Ballschaukel

Hierfür eignen sich Wasserbälle noch besser als Luftballons. Die Kinder legen sich bäuchlings auf den Wasserball und verlagern ihr Gewicht von den Füßen auf den Ball – die Füße sollen nur noch leicht stützen. Der Erwachsene kann das Kind auf dem Ball ein wenig hin und her, vor und zurück rollen und dazu folgenden Vers sprechen:

Ich rolle und rolle auf dem Ball hin und her.
Ich rolle und rolle, das ist gar nicht schwer.
Ich rolle und rolle vor und zurück,
rollen und rollen bringt mir viel Glück.

Später können die Kinder auch auf dem Ball sitzend ein wenig hin und her rollen.

Spaß und Spiel mit Zeitungen und Papier

Ziele: Allgemeine Kräftigung und Verbesserung von Gewandtheit und Geschicklichkeit

Geräte: Zeitungen, Servietten

Bedruckte Zeitungen färben leider ab, manchmal kann man aber große Bögen unbedrucktes Papier von Druckereien bekommen. Ansonsten eignen sich auch Packpapier oder Seidenpapierbögen gut.

Aufwärmen

Hutlauf

Alle falten sich aus einem Zeitungsbogen einen Hut, der aufgesetzt wird. Nun gehen, laufen und rennen alle durch den Raum, ohne den Hut zu verlieren. Wer einem Mitspieler begegnet, begrüßt ihn, indem er den Hut vor ihm zieht.

Flattermänner

Die Gruppe verwandelt sich in Zeitungsvögel: Dazu nehmen alle in jede Hand eine mehrfach gefaltete Zeitungsseite, mit der sie nun kräftig flattern, indem sie sie auf und ab schwingen, während alle durch die Halle gehen, laufen und rennen.

Zeitungspaare

Ein Erwachsener und ein Kind halten gemeinsam einen Zeitungsbogen zwischen sich und gehen, laufen oder rennen damit durch den Raum. Damit der Bogen nicht zerreißt, müssen die Bewegungen gut aufeinander abgestimmt werden.

Zwillingslauf

Zwei Spielpartner klemmen sich eine Zeitung zwischen beliebige Körperteile und gehen oder laufen miteinander. Sie sollen die Zeitung dabei nicht verlieren.

Pausenzeitung

Die Zeitungen werden am Boden ausgelegt und alle laufen (eventuell zu Musik) um die Zeitungen herum. Beim Musikstopp oder auf ein Signal hin setzt sich jeder schnell auf die Zeitungen.

Anmerkung: Hier könnten auch schon verschiedene Übungen aus dem Hauptteil eingebaut werden. Bei jedem Musikstopp soll eine Aufgabe erfüllt werden.

Regenwetter

Es regnet kräftig, aber alle müssen unbedingt aus dem Haus. Deshalb halten sie die Zeitung über den Kopf und rennen schnell durch den Raum.

Wenn Sie vorher zusätzliche Zeitungsbögen auslegen, könnten das Pfützen sein, die übersprungen oder umlaufen werden sollen.

Reaktionsschulende Aufgaben

Inselspringen

Jeder Spieler erhält zwei Zeitungsbögen, die er einmal zusammenfaltet. Nun legt er eine »Insel« vor sich auf den Boden, springt darauf, legt die nächste Insel auf den Boden und springt darauf usw. Wenn die Kinder schon etwas geübter sind, kann auch ein kleiner Wettlauf veranstaltet werden.

Schwanzfangen

Eine Serviette wird als Schwanz in die Hose geklemmt. Der Spielpartner soll versuchen, den Schwanz zu erwischen. Gelingt ihm das, werden die Rollen getauscht.

Neckerei

Die Zeitung wird zu einem Stab zusammengerollt und alle bewegen sich damit frei im Raum. Erwachsener und Kind versuchen immer wieder, sich einen leichten Schlag auf den Po zu geben.

Zeitungslauf

Jeder faltet einen nicht zu großen Bogen Papier einmal zusammen, hält ihn vor den Bauch und beginnt zu rennen. Wer kann so schnell rennen, dass das Papier nicht herunterfällt, auch wenn er es loslässt? (Kann auch mit Servietten gespielt werden.)

Federn, hüpfen, springen

Pfützenspringen

Es hat kräftig geregnet und eine große Pfütze hat sich gebildet. Nur einige große Steine (gefaltete Zeitungen) ragen aus dem Wasser hervor. Damit die Gruppe keine nassen Füße bekommt, springt sie von Stein zu Stein. Aber Vorsicht, Rutschgefahr!

Variation: Sie legen die Zeitung auf den Boden und versuchen, auf verschiedene Weise (im Schlusssprung, auf einem Bein, im Schrittsprung) über die Zeitung zu springen. Die Zeitung könnte eine Pfütze oder ein tiefer Krater sein, der überwunden werden soll.

Hürdenlauf

Je zwei Erwachsene halten eine Zeitungsrolle, sie stehen hintereinander in einer
Reihe oder im Kreis. Die Kinder springen
auf verschiedene Weise über die so entstandenen Hürden. Die Höhe dem ge-
wünschten Schwierigkeitsgrad anpassen.

Kräftigung der Muskulatur

Zeitung lesen

Alle liegen auf dem Bauch und versuchen,
mit gestreckten Armen die Zeitung zu
halten, um darin zu lesen. (Der ganze
Körper wird gestreckt, die Bauch- und
Rückenmuskulatur ebenso wie die Armmuskulatur werden trainiert.)

Luftmatratze

Jeder legt sich auf seine Zeitung und bewegt sich vorwärts oder rückwärts, indem
er mit den Händen schiebt und paddelt.
Die Zeitung könnte auch zur Schwimm-
hilfe werden, wenn Sie auf der Zeitung
liegend Schwimmbewegungen ausführen.

Liegestütz

Alle stützen sich mit den Händen auf eine
Zeitung und versuchen, mit den Füßen einen Kreis zu gehen. Wer dazu wirklich in
den Liegestütz geht, den Po fest anspannen, um ein Hohlkreuz zu vermeiden.

Zeitungsball

Jeder formt aus der Zeitung einen Ball
und versucht, ihn aus der Bauchlage
hochzuwerfen. Sie können den Ball auch
vor sich herwerfen und hinter ihm her-
kriechen.

Ball über den Kopf

Alle sitzen mit gestreckten Beinen und
versuchen, sich mit viel Schwung auf den
Rücken zu rollen. Den Zeitungsball, den
sie zwischen die Füße geklemmt haben,
werfen sie über den Kopf. (Matte unterle-
gen!)

Kran

Eine Zeitung wird zwischen die gestreckten Beine geklemmt. Durch Auf- und Ab-
bewegung der Beine stärken alle die
Bauchmuskulatur. Die Kinder dürfen
sich mit den Händen abstützen, die Erwachsenen versuchen es ohne Stütze.

Unten durch und oben drüber

Ein Zeitungsball wird neben die geschlossenen Beine gelegt. Nun heben alle die gestreckten Beine und führen sie abwechselnd links und rechts über den Ball. Wer schafft diese Übung mehrmals hintereinander, ohne die Beine ganz abzulegen?

Variation: Die gestreckten Beine anheben und den Zeitungsball unter den gestreckten Beinen von einer Hand zur anderen geben.

Zeitungsrolle

Alle formen ihre Zeitung zu einer länglichen Rolle, die sie mit beiden Händen an den Enden fassen. Nun bewegen sie abwechselnd ein Bein nach dem anderen oder beide Beine gleichzeitig über und unter der Zeitungsrolle hindurch. Diese Übung können Sie sowohl im Sitzen durchführen, dann wird besonders die Bauchmuskulatur trainiert, oder im Stehen, die Beine werden abwechselnd darüber gehoben, dann schulen Sie den Gleichgewichtssinn.

Nashorn

Alle knüllen einen Zeitungsball, gehen auf alle viere und versuchen, ihn wie ein Nashorn mit dem Kopf vor sich herzuschieben.

Fußgymnastik

Für die folgenden Übungen sitzen alle mit ihrer Zeitung am Boden.

Schnipselei

Wer kann die Serviette mit den Zehen in kleine Schnipsel zerreißen? An die Schnipselei kann sich folgendes Spiel anschließen:

Falterei

Die Zeitung liegt gefaltet vor den Spielern. Wer schafft es, mit den Zehen die Zeitung auseinander und wieder zusammenzufalten? Üben Sie im Stehen, schulen Sie den Gleichgewichtssinn.

Zeitungskarussell

Alle fassen die Zeitung mit den Zehen. Nun drehen sie sich mit der Zeitung mehrmals um die eigene Achse (Sitzkreisel). Sie können sich auch auf die Zeitung setzen, die Beine anheben und zu kreisen beginnen, indem Sie mit den Händen schieben.

Bälle knüllen

Versuchen Sie, die Zeitung mit den Zehen zu einem Ball zusammenzuknüllen, sie in die Luft zu werfen und wieder aufzufangen.

Kirschen sammeln

Die Kinder sollen versuchen die Kirschen (Schnipsel) mit den Zehen aufzuheben und in einem bereitgestellten Gefäß zu sammeln. Wenn jedes Kind ein eigenes Gefäß erhält, kann auch ein Wettspiel daraus werden: Wer schafft es während einer vorgegebenen Zeit, die meisten Kirschen einzusammeln?

Geschicklichkeit und Gleichgewicht

Mit Hand und Fuß

Die Zeitung liegt vor jedem Spieler auf dem Boden. Nun abwechselnd mit den Zehen des linken Fußes aufheben und sie in die rechte Hand geben oder mit den Zehen des rechten Fußes in die linke Hand.

Zeitungsfußball

Spielen Sie mit der zusammengeknüllten Zeitung Fußball.

Zeitungsstraße

Legen Sie gemeinsam aus den Zeitungen Wege und Straßen, die auf verschiedene Weise überwunden werden sollen. Dabei müssen alle besonders vorsichtig und konzentriert gehen, um nicht auszurutschen und die Zeitungen möglichst wenig zu verschieben.

Zeitungsgleiten

Alle stellen sich mit jedem Fuß auf eine Zeitung und gleiten damit vorwärts und rückwärts durch den Raum.

Werfen und fangen

Torwerfen

Zwei Spieler halten einen Reifen als Tor oder reißen in die Mitte einer Zeitung ein großes Loch und halten diese als Tor. Die anderen Spieler versuchen, Zeitungsbälle durch das Tor zu werfen.

Fang den Ball

Die Zeitung wird zu einer Tüte geformt. Ein Spieler versucht nun, Zeitungsbälle in die Tüte zu werfen. Der Spieler, der die Tüte hält, versucht, die Bälle zu fangen.

Schneeballschlacht

Knüllen Sie Schneebälle aus Zeitungen und veranstalten Sie damit eine Schneeballschlacht.

Dies und das

Zeitungswagen

Alle falten eine Zeitungsseite einmal zusammen, legen sie auf den Boden und setzen sich darauf. Nun versuchen die Spieler, sich auf dem Po, ohne Zuhilfenahme der Hände und mit angehobenen Füßen, fortzubewegen, indem sie mit dem ganzen Körper wackeln und sich winden und schlängeln. Sehr viel einfacher geht es natürlich, wenn man mit Händen und Füßen schieben darf.

Von Hand zu Hand

Die Zeitung wird vor und hinter dem Körper von einer Hand zur anderen gegeben. So kreist sie um den ganzen Körper. Kann im Stehen oder Sitzen geübt werden.

Spiel und Spaß mit Bierdeckeln

Ziele: Förderung von Gewandtheit und Geschicklichkeit, insbesondere der Feinmotorik, und der Körperbalance

Geräte: Bierdeckel (möglichst rund) oder aus starkem Tonkarton ausgeschnittene Kreise

Übungen mit Bierdeckeln lassen sich gut mit Übungen mit Zeitungen und Papier kombinieren.

Aufwärmen

Bierdeckellauf

Die Bierdeckel werden im Raum verteilt und die Kinder laufen und hüpfen auf verschiedene Weise um die Bierdeckel herum, ohne sie zu berühren.

Handicap

Wir sind Gepäckträger mit verletzten Händen und versuchen das Gepäck (den Bierdeckel) ohne Zuhilfenahme der Hände zu transportieren, indem wir es zwischen verschiedenen Körperteilen einklemmen: z.B. zwischen Brust und Kinn, zwischen Oberarm und Körper, zwischen beiden Beinen, zwischen Kopf und Schulter. Wer kann damit laufen oder hüpfen, ohne das Gepäck zu verlieren?

Fliegerei

Alle halten in jeder Hand einen Bierdeckel. Die Bierdeckel werden zu Flügeln eines Vogels oder zu Tragflächen eines Flugzeugs und die Spieler fliegen damit durch den Raum.

Variation: Ein Bierdeckel könnte auch zum Lenkrad eines Fahrzeugs werden, indem Sie ihn mit gestreckten Armen vor den Körper halten.

Reaktionsschulende Aufgaben

Vogelnest

Verteilen Sie die Bierdeckel im Raum. Sie stellen unsere Vogelnester dar. Die Kinder laufen als Vögel kreuz und quer durch den Raum, ohne die Nester zu berühren. Auf ein Signal hin sucht jeder schnell ein Vogelnest auf. Sie können nach jeder Runde ein Nest entfernen. Wer kein Nest mehr findet, scheidet entweder aus oder versucht gemeinsam mit einem anderen Kind auf einem Bierdeckel einen Platz zu finden.

Turmbau

Alle Bierdeckel (mehr Deckel als Kinder) liegen verteilt. Die Spieler werden in zwei Gruppen aufgeteilt und laufen durch den Raum. Auf ein Signal hin sollen die Spieler jeder Gruppe einen Turm aus Bierdeckeln bauen, wobei jedes Kind immer nur einen Deckel holen und auflegen darf, bevor es sich auf den Weg macht und einen weiteren Deckel holt. Welche Gruppe erwischt die meisten Deckel und baut den höchsten Turm? Zum Abschluss können alle mit oder ohne Handfassung um die Türme herumtanzen, begleitet von folgendem Reim im Sprechgesang: »Wir tanzen um den Turm herum, der Turm bleibt steh'n und fällt nicht um.«

So passen auch zwei in ein Vogelnest.

Konfetti

Die Erwachsenen werfen die Bierdeckel in den Raum, die Kinder holen möglichst schnell einen Deckel zurück. Der Erwachsene und das Kind setzen sich gemeinsam auf den Boden. Wenn alle sitzen, geht das Spiel von vorne los. Es ist erstaunlich, wie viel Spaß die meisten Kinder an dieser sehr einfachen Spielform haben!

Kräftigung der Muskulatur

Bierdeckelkran

Alle sitzen und klemmen den Bierdeckel zwischen die Füße. Nun versuchen sie, ihn über dem Kopf abzulegen. Beim Zurückführen die Knie nicht durchdrücken oder aber den Bauch fest anspannen.

Bierdeckelkarussell

Alle sitzen auf dem Boden und klemmen den Deckel zwischen die Füße. Nun lassen sie den Deckel Karussell fahren, indem sie sich um die eigene Achse drehen (Sitzkreisel).

Werfen und fangen

Weitwurf

Alle stellen sich in einer Reihe auf und versuchen, die Deckel möglichst weit zu werfen.

Zielwurf

Stellen Sie ein nicht zu kleines Ziel, etwa eine Matte oder ein Kastenteil, auf. Nun versuchen alle, mit ihren Deckeln das Ziel zu treffen.

Löwenfütterung

Der Erwachsene hält einen Reifen vor seinen Körper – das Löwenmaul. Die Kinder versuchen hineinzutreffen.

Geschicklichkeit und Gleichgewicht

Engedei

Zunächst steht jeder mit beiden Beinen auf je einem Bierdeckel und versucht dann, auf einem Bein auf einem Deckel zu stehen. Wer kann zu zweit auf einem Deckel balancieren?

Deckelbalance

Alle versuchen, den Bierdeckel auf dem Kopf oder einem anderen Körperteil, z.B. auf Rücken, Schultern, Handflächen, Handrücken, Oberschenkel, Knie oder Fuß, zu balancieren. Wer kann sich damit auch vorsichtig fortbewegen oder gar Hindernisse wie Kissen, Bänke oder ein gespanntes Seil überwinden?

Eisgleiten

Die Bierdeckel sind die Gleitschuhe, auf die sich alle stellen und mit denen sie durch den Raum gleiten. Wer schafft es, ohne seine Gleitschuhe zu verlieren? Wer kann auch vorwärts, rückwärts oder seitwärts gleiten?

Rollern

Alle stellen einen Fuß auf einen Bierdeckel und stoßen sich mit dem anderen Fuß ab. Wenn die Gruppe ein wenig geübt ist, versuchen alle, auf diese Weise eine vorgegebene Strecke zurückzulegen, oder wir rollern um die Wette.

Inselspringen

Alle Spieler stehen mit einem Fuß auf einem Bierdeckel, einen Deckel halten sie in der Hand. Nun legen sie diesen Deckel vor ihren Füßen ab, treten mit einem Fuß darauf, nehmen den frei gewordenen Deckel auf und legen ihn wieder vor ihren Füßen ab. Auf diese Weise versuchen sie, eine längere Strecke zurückzulegen. Dieses Spiel erfordert Geschicklichkeit und Gleichgewicht, ältere Kinder könnten ein Inselspringen um die Wette veranstalten.

Schleichwege

Legen Sie Wege, Straßen und Brücken mit Bierdeckeln und versuchen, darauf zu balancieren. (Abb. siehe folgende Seite.)

Dies und das

Deckelrollen

Alle versuchen, in gebeugter Haltung (dabei in die Knie gehen!) ihre Deckel auf der Kante rollen zu lassen. Wenn die Erwachsenen in den Vierfüßlerstand gehen, können die Kinder unter den Erwachsenen durchrollen. Rollentausch! Sie können auch um die Wette rollen. Wer kann seinen Deckel wieder einfangen, bevor er umfällt?

Zudecken

Ein Spielpartner legt sich auf den Boden, der andere versucht, ihn vollständig mit Bierdeckeln zuzudecken. Erst wenn er ganz bedeckt ist, darf der liegende Spieler sich wieder bewegen. Es ist nicht so leicht, ganz ruhig liegen zu bleiben, damit die Deckel nicht herunterpurzeln. Die Körperwahrnehmung wird intensiviert.

Hausbau

Versuchen Sie durch Aneinanderstellen der Bierdeckel, Häuser zu bauen. Dadurch werden Handgeschicklichkeit und Fingerspitzengefühl geübt. Wenn genügend Häuser stehen, können Sie um sie herumlaufen, -krabbeln oder -rennen, ohne sie umzustoßen.

»Schleichwege« (Seite 101) trainieren Gewandtheit und Gleichgewicht.

Spaß und Spiel mit Bällen

Ziele: Förderung der Geschicklichkeit und des Reaktionsvermögens, allgemeine Kräftigung, Vorbereitung der Techniken Rollen, Werfen und Fangen

Geräte: Bälle und Medizinball, Reifen, Matten, Kasten, Korb, Langbänke, Frisbeescheibe, Leintuch

Alle Spiel- und Übungsformen werden mehrmals im Wechsel wiederholt. Die jüngeren Kinder sollten nicht durch Fangübungen überfordert werden, deshalb den Teil Werfen und Fangen den Fähigkeiten der Kinder entsprechend einsetzen.

Für einfache Fangübungen eignet sich ein Luftballon, der in einen Kissenbezug gesteckt wird. Dieser »Gespensterball« lässt sich besonders gut fangen, weil er langsamer fliegt und die vielen Zipfel leichter erwischt werden können. Zusätzliche Anregungen rund um den Ball finden Sie ab Seite 28.

Aufwärmen

Ballideen

Die Bälle liegen im Raum willkürlich auf dem Boden verteilt.

- Die Kinder rennen durch den Raum, ohne die Bälle zu berühren.
- Die Kinder rennen und schubsen alle Bälle, die im Weg liegen, mit den Händen weg. Dabei sollen abwechselnd die rechte und linke Hand oder beide Hände zum Einsatz kommen.
- Die Kinder rennen durch den Raum und schubsen alle Bälle, die im Weg liegen, mit den Füßen weg.
- Die Kinder rennen und heben alle Bälle, die im Weg liegen, auf und werfen sie abwechselnd möglichst hoch oder weit.
- Die Kinder krabbeln und schubsen alle Bälle, die im Weg liegen, mit der Nase weg.

- Die Kinder rennen und hüpfen oder springen über alle Bälle, die im Weg liegen. Achtung, durch rollende Bälle entsteht Unfallgefahr!
- Jedes Kind nimmt einen Ball und hält ihn mit den Fingerspitzen hoch über den Kopf. So gehen sie auf Zehenspitzen und mit gestreckten Fingerspitzen als Riesen durch den Raum. Anschließend gehen sie in die Hocke und tapsen mit geradem Rücken (!) als Zwerge durch den Raum.
- Die Bälle werden wieder auf den Boden gelegt und durch die gegrätschten Beine hindurch nach hinten gerollt.
- Die Bälle könnten auch mit etwas Abstand in einer Reihe hintereinander liegen. Nun laufen oder kriechen die Kinder um die Bälle oder hüpfen auf verschiedene Weise darüber.

Ballparcours

Während die Erwachsenen nun die Stationen für den Ballparcours aufbauen, dürfen die Kinder, die nicht mithelfen möchten, frei mit ihren Bällen spielen.

Im Parcours sind folgende Stationen möglich:

Der Vogel und sein Ei

Alle fliegen mit flatternden Armbewegungen durch den Raum. Auf ein Zeichen hin setzt sich jedes Kind schnell auf ein Ei (Ball), um es warm zu halten.

Nachbars Garten

Mit den Langbänken wird der Raum in zwei Hälften unterteilt. In jedem dieser beiden »Gärten« liegt gleich viel Laub (Bälle). Die Gärten dürfen nicht zu groß sein. Die Gärtner teilen sich in zwei Gruppen und wollen nun ihre Gärten säubern. Weil sie es eilig haben, werfen sie das Laub einfach in Nachbars Garten. Schafft es eine Gärtnergruppe, ihren Garten völlig leer zu räumen? Bei diesem Spiel entsteht so viel Bewegung, dass meist alle ordentlich ins Schwitzen kommen. Es ist deshalb sinnvoll, im Anschluss eine etwas ruhigere Beschäftigung anzubieten. Sie könnten auch die Gärtner sich ein wenig ins Gras legen und sich ausruhen lassen.

Löwenfütterung

Ein Reifen wird vom Erwachsenen senkrecht gehalten, er soll das Löwenmaul sein. Das Kind versucht, den Ball dreimal durch den Reifen zu werfen. Dann werden die Rollen getauscht.

Zielrollen und -werfen

Ein Medizinball liegt als Markierung am Boden. Erwachsene und Kinder versuchen, den Medizinball dreimal zu treffen, indem sie den Ball rollen, und dreimal, indem sie den Ball werfen.

Korbball

Ein Korb oder für kleinere Kinder ein Kastenteil liegt auf dem Boden. Die Kinder versuchen, mit dem Ball in den Behälter zu zielen.

Ballstraße

Eine Langbank steht bereit. Erwachsene und Kinder versuchen, ihren Ball über die Bank zu rollen, ohne dass er auf den Boden fällt.

Ball über die Bank

Eine weitere Langbank steht bereit. Die Kinder sollen sich davor auf den Bauch legen und ihren Ball darüber werfen. Dann steigen sie über die Bank und legen sich auf der anderen Seite auf den Rücken, den Kopf zur Bank. Nun versuchen sie, den Ball mit den Füßen darüber zu heben. Entlang der Bank können die Übungen mehrmals wiederholt werden.

Ball prellen

Ein Reifen liegt auf dem Boden. Das Kind stellt sich hinen und lässt seinen Ball innerhalb des Reifens auf den Boden prellen. Wer kann den Ball auch wieder auffangen? Jetzt ist der Erwachsene an der Reihe.

Fußarbeit

Eine Matte liegt auf dem Boden. Die Spieler legen sich mit dem Rücken darauf und versuchen, den Ball mit den Füßen aufzunehmen. Wer kann den Ball mit den Füßen in die Luft werfen und mit den Händen fangen?

Tor schießen

Ein Kastenteil wird als Tor auf den Boden gestellt. Beim Fußballspielen versuchen alle, den Ball mehrmals hintereinander durch das Tor zu kicken.

Nachdem alle den Parcours mehrmals durchlaufen haben, räumen die Erwachsenen die Geräte wieder auf, während die Kinder frei mit dem Ball spielen dürfen. Im Anschluss könnten Sie das folgende oder ein anderes Ballspiel zusammen machen.

Zwerge und Riesen

Eine Matte liegt in der Mitte des Raumes. Hier wohnen die Riesen. Die Riesen haben den Zwergen wertvolle Edelsteine gestohlen, die sie nun sorgsam bewachen. Hierzu setzen sich die Erwachsenen außen um die Matte herum, auf der die Bälle (Edelsteine) liegen. Die Zwerge möchten nun ihre Edelsteine wiederhaben und warten deshalb, bis die Riesen einschlafen und laut schnarchen. Jetzt schleichen sich die Zwerge an und dringen in die Behausung der Riesen ein, um ihre Edelsteine zu holen. Dabei müssen die Zwerge vorsichtig über die inzwischen liegenden Riesen steigen, ohne sie zu berühren, damit sie nicht aufwachen. Auf diese Weise können sie einen Edelstein nach dem anderen wieder zurück zum Zwergenhaus (einen mit einer Langbank abgegrenzten Raum) bringen. Bei jüngeren Kindern sollten einige Erwachsene ebenfalls Zwerge spielen, um den Kindern den Verlauf des Spieles zu verdeutlichen.

Reaktionsschulende Aufgaben

Kreisball

Alle Spieler liegen im Kreis am Boden. Die Bälle, die sich in der Mitte befinden, werden einander zugerollt, wobei sie den Kreis nicht verlassen sollen. Hier heißt es gut aufpassen und schnell sein.

Hausputz

Ein Kastendeckel wird verkehrt herum aufgestellt, er soll das Haus sein. Zwei Spieler machen Hausputz und werfen alle Bälle heraus, während die anderen versuchen, den Kasten schnell wieder zu füllen.

Federn, hüpfen, springen

Einklemmen

Die Spieler klemmen sich einen Ball zwischen die Oberschenkel und versuchen damit zu gehen oder zu hüpfen, ohne den Ball zu verlieren.

Überholen

Alle rollen den Ball ein Stück von sich weg, laufen ihm hinterher und versuchen, ihn zu überholen, um ihn anschließend zu überspringen.

Kräftigung der Muskulatur

Bei den folgenden Übungen bietet es sich an, mehrere davon hintereinander auszuführen. Erwachsene und Kinder sitzen dazu zu Beginn paarweise mit zwei Bällen auf dem Boden.

Zurollen

Der Erwachsene und das Kind legen die gegrätschten Füße aneinander und rollen sich die Bälle zu.

Variation: Jeder rollt seinen Ball an den Innenseiten der Beine entlang – von den Zehen zu den Oberschenkeln und auf der anderen Seite zurück.

Durchrollen

Beide schließen ihre Beine, heben sie an und rollen den Ball unter den Oberschenkeln mehrmals hin und her.

Variation: Sie können auch den Ball neben den Beinen platzieren, sie geschlossen anheben und abwechselnd rechts und links des Balles ablegen. Falls es nötig sein sollte, unterstützt der Erwachsene das Kind.

Hin und weg

Nun legen beide die Fußsohlen auf ihren Ball und rollen den Ball mehrmals zum Körper und wieder vom Körper weg.

Beugen und strecken

Alle sitzen im Schneidersitz und halten den Ball über dem Kopf. Wer kann sich mit dem Ball in dieser Position zurücklegen und wieder in Sitzposition aufrichten? Den Bauch dabei fest anspannen!

Aufstehen

Wer schafft es, aus dem Schneidersitz mit dem Ball über dem Kopf aufzustehen und sich wieder hinzusetzen – vielleicht sogar mehrmals hintereinander?

Um den Fuß

Kann jemand den Ball im Stehen mit den Zehen des einen Fußes um den anderen Fuß herumrollen, ohne dass der Ball davonrollt?

Von Hand zu Hand

Alle gehen in den Grätschstand und beugen den Oberkörper zum Ball auf dem Boden. Nun rollen alle den Ball zwischen den Händen hin und her.

Ballacht

Immer noch im Grätschstand versuchen alle nun, mit dem Ball eine Acht um beide Füße zu rollen. Wer kann das, ohne dass der Ball davonrollt?

Variation: Das Kind bleibt im Grätschstand stehen, der Erwachsene rollt den Ball einmal in die eine und einmal in die andere Richtung rund um das Kind herum. Danach tauschen Erwachsene und Kinder die Rollen.

Von links nach rechts

In Bauchlage wird der Ball von einer Hand zur anderen gerollt.

Zurollen

Erwachsener und Kind liegen sich in Bauchlage gegenüber und rollen sich den Ball zu.

Ballkreisel

Alle liegen bäuchlings auf dem Ball und laufen mit den Händen rechts und links im Kreis. Falls nötig, stützen die Erwachsenen die Kinder.

Unten durch

Jetzt begeben sich alle in Rückenlage. Wer kann den Ball um seinen ganzen Körper herumrollen, indem er ihn zunächst über den Bauch und dann unter dem Rücken durchführt?

Geschicklichkeit und Gleichgewicht

Ballteller

Legen Sie den Ball auf eine Frisbeescheibe und versuchen, damit eine vorgegebene Strecke zurückzulegen, ohne den Ball fallen zu lassen. Schwieriger wird es, wenn möglichst schnell gelaufen oder über ein Seil, eine Bank oder Ähnliches balanciert werden soll.

Dosenwerfen

Bauen Sie eine Pyramide aus Blechdosen. Alle versuchen die Dosen von einer markierten Linie aus zu treffen. Abstand je nach gewünschtem Schwierigkeitsgrad variieren.

Kegeln

Stellen Sie einige Kegel, ersatzweise leere Plastikflaschen auf. Wer kann die Kegel mit dem rollenden Ball umstoßen? Den Abstand zwischen den Kindern und den Kegeln je nach Geschicklichkeit anpassen. Leichter wird die Übung zudem, wenn Sie einen größeren Ball verwenden.

Ballboxen

Vier Erwachsene halten ein Leintuch leicht gespannt, auf dem mehrere Bälle liegen. Die Kinder sollen von unten gegen die unsichtbaren Bälle boxen. Wer schafft es, einen Ball aus dem Tuch zu stoßen?

Spaß und Spiel mit Kirschkern- oder Bohnensäckchen

Ziele: Schulung des Gleichgewichtssinnes, erste Werf- und Fangübungen, Anregung des Tastsinnes

Geräte: Säckchen aus Stoffresten (ca. 10 mal 15 cm groß) mit Kirschkernen, Bohnen, Mais, Reis, Hirse, Sand oder Styroporkugeln gefüllt, außerdem ein Eimer oder sonstiges Ziel

Die unterschiedlich gefüllten Säckchen sind gut zu greifen, regen den Tastsinn an und rollen nicht weg, sie sind deshalb sehr vielseitig. Sie eignen sich gut zu ersten Werf- und Fangübungen, außerdem zur Fußgymnastik. Mit den Säckchen können Sie auch fast alle Übungen durchführen, die sich mit Bällen eignen. Die Mühe der Herstellung lohnt sich also!

Aufwärmen

Hindernisbahn

Die Säckchen liegen im Raum verteilt. Alle gehen, laufen, rennen, hüpfen um sie herum oder darüber hinweg. Die Säckchen sollen nicht berührt werden.

Weg damit

Wie oben, aber jedes Säckchen, das im Weg liegt, wird mit den Händen oder Füßen, vielleicht sogar mit der Nase möglichst weit weggeschubst.

Werfen, holen, bringen

Der Erwachsene wirft ein Säckchen möglichst weit weg, das Kind holt es so schnell als möglich zurück. Immer wieder werden die Rollen getauscht.

Zurückholen

Abwechselnd werfen Erwachsener oder Kind das Bohnensäckchen ein Stück weg, dann laufen beide los, um es schnell wieder zurückzuholen. Wer ist schneller und erwischt das Säckchen?

Federn, hüpfen, springen

Hüpf-Säckchen

Alle klemmen ein Säckchen zwischen die Oberschenkel oder Knie und versuchen, damit zu hüpfen. Wenn die Gruppe schon ein wenig geübter ist, wechseln Sie zwischen vorwärts, rückwärts, im Kreis herum oder veranstalten ein kleines Wetthüpfen.

Kräftigung der Muskulatur

Weitergeben

Kind und Erwachsener stehen hintereinander. Der Vordermann reicht das Bohnensäckchen durch die gegrätschten Beine hindurch nach hinten weiter. Nun stellt sich der Hintermann nach vorne und gibt seinerseits das Säckchen nach hinten weiter. Das Bohnensäckchen kann auch über den Kopf weitergereicht werden, allerdings muss der Erwachsene dazu in die Hocke gehen.

Schwertransporter

Alle sitzen am Boden. Die Bohnensäckchen werden zu Lastwagen, die ihre Ladung (Bohnen, Sand ...) befördern. Sie fahren um einen Berg – vorne um die angewinkelten Beine und hinten um den Po, bevor sie einen Tunnel passieren – zwischen angewinkelten Beinen und Po, und dann eine Autobahn entlangsausen – auf einer Seite an den ausgestreckten Beinen entlang nach vorne, auf der anderen zurück. Besonders Jungen lieben dieses Spiel.

Fußgymnastik

Werfen mit den Füßen

Alle sitzen auf dem Boden, ergreifen das Säckchen mit den Füßen und werfen es möglichst weit nach vorne oder auch nach oben.

Lasten heben

Alle heben ihr Säckchen aus dem Sitz mit den Füßen auf. Die Kinder können sich dabei mit den Händen abstützen. Machen Sie die Übung aus dem Stand, üben Sie zudem den Gleichgewichtssinn.

Mit Hand und Fuß

Alle heben das Säckchen mit den Füßen auf und geben es an die Hände weiter. Auch diese Übung kann sitzend oder stehend (auf einem Bein) ausgeführt werden.

Säckchen im Kreis

Das Säckchen wird wieder mit den Füßen aufgehoben und an den Partner oder im Kreis herum weitergegeben.

Säckchen über den Kopf

Alle liegen auf dem Rücken und heben das Säckchen mit den Füßen auf, führen es über den Kopf und legen es dort ab. Ergreifen es dann mit den Händen, kommen zum Sitz hoch und legen es wieder vor den Füßen ab. Wer kann es über dem Kopf wieder mit den Füßen aufnehmen und zurückführen? Die Knie dabei nicht durchdrücken oder aber den Bauch fest anspannen.

Geschicklichkeit und Gleichgewicht

Balance-Säckchen

Alle legen sich das Bohnensäckchen auf den Kopf, in den Nacken oder auf einen anderen Körperteil und balancieren damit. Schwieriger wird es, wenn sie dabei versuchen, Hindernisse zu überwinden, etwa einen Stuhl übersteigen, einen Medizinball umgehen, auf einem Seil entlanggehen etc.

Balance-Kunststücke

Alle legen das Bohnensäckchen auf den Kopf und probieren damit verschiedene Kunststücke: Wer kann sich damit auf einen Stuhl setzen und wieder aufstehen, ohne dass das Säckchen herunterfällt?

Wer kann sich damit bücken und wieder hochkommen? Wer kann damit in die Hocke gehen? Wer kann damit rückwärts gehen? (Abb. siehe Seite 114.)

Gleitsäckchen

Alle stellen sich mit einem Fuß auf ein Säckchen und versuchen, sich mit dem anderen anzuschieben. Hierzu könnten Sie das Lied auf Seite 38 singen und dabei aus dem »Auto« einen »Roller« machen. Später können sich alle mit beiden Füßen auf jeweils ein Säckchen stellen und versuchen zu gleiten.

Werfen und fangen

Wurfsäckchen

Werfen Sie die Säckchen aus verschiedenen Positionen, also liegend, sitzend, stehend, vornüber gebeugt, zwischen den gegrätschten Beinen hindurch ... Achtung: Wenn die Kinder aus der Rückenlage werfen, machen Sie sie darauf aufmerksam, dass sie zur Seite werfen müssen, um nicht selbst vom Säckchen getroffen zu werden. Außerdem könnten sich Erwachsene und Kinder die Säckchen zuwerfen.

Für die ganz Kleinen ist es recht lustig, die Säckchen zusammen ein Stück nach vorne zu werfen, gemeinsam hinterherzulaufen, um die Säckchen wieder aufzunehmen, und erneut zu werfen.

In den Eimer

Alle versuchen, mit den Säckchen in Ziele, etwa in einen Eimer, einen Reifen oder ein umgedrehtes Kastenteil, zu treffen. Leichter ist es, wenn sie nur versuchen sollen, ein Ziel zu treffen, anstatt hineinzuwerfen. Wenn ein Erwachsener mit einem Korb durch die Halle läuft und die Kinder versuchen, alle Säckchen in den Eimer zu werfen, können Sie daraus ein Abschlussspiel machen.

Dies und das

Säckchenpfade

Indem Sie viele Säckchen aneinander legen, können Sie Wege und Straßen bauen. Später gehen, laufen, rennen, balancieren alle über die Säckchenpfade. Oder die Säckchen werden zu kleinen Wasserläufen, die auf verschiedene Weise übersprungen werden sollen.

Versteckte Säckchen

Die Kinder legen sich auf ihr Säckchen. Die Erwachsenen sollen es unter dem Körper suchen und herausholen.

Variation: Die Kinder verstecken das Säckchen in der Kleidung, der Partner muss es suchen.

Säckchentanz

Der Säckchentanz funktioniert ähnlich wie der Luftballontanz (siehe Seite 83). Der Erwachsene trägt das Kind auf seinen Armen. Die Tanzenden klemmen sich das Bohnensäckchen zwischen die Stirn und tanzen miteinander, wobei sie darauf achten, das Säckchen nicht zu verlieren.

Variation: Auf diese Weise könnte auch ein kleiner Wettlauf zwischen mehreren Paaren veranstaltet werden.

Entspannungsübung

Alle liegen entspannt auf dem Rücken und legen sich das Säckchen auf den Oberbauch. Nun atmen alle ruhig aus und ein, wobei sich das Säckchen heben und senken soll.

Die Säckchen eignen sich für Balance- wie für Entspannungsübungen.

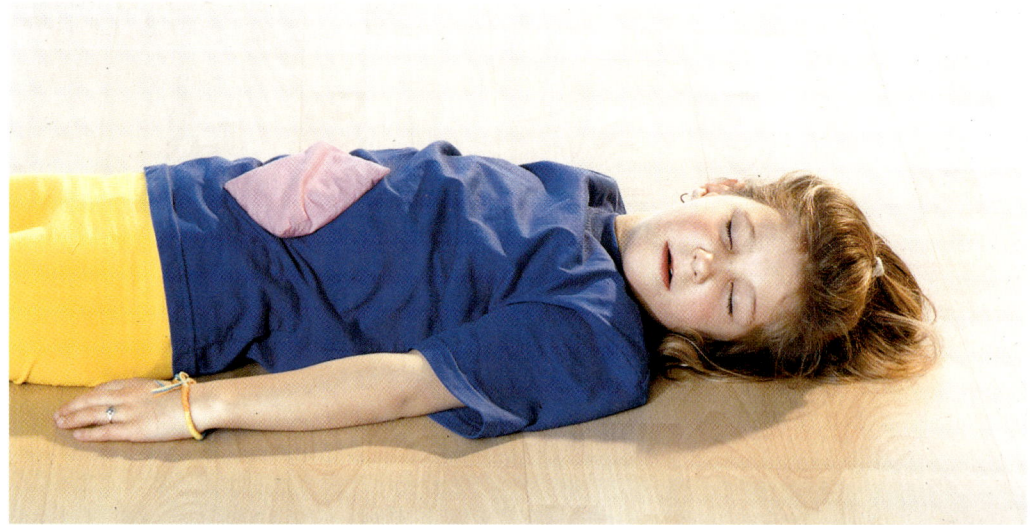

Kissenschlacht

Ziele: Förderung der Bewegungsfreude und allgemeine Kräftigung

Geräte: für jedes Kind ein Kissen, eventuell Kassetten- oder CD-Rekorder

Das Kissen eignet sich sehr gut, um mit jüngeren Kindern, die sonst schnell unruhig werden, Entspannungsübungen durchzuführen. Da die Kissen auf dem Boden schnell schmutzig werden, sollten sie einen waschbaren Überzug haben.

Aufwärmen

Kissenlauf

Die Kissen liegen am Boden verteilt, alle gehen, laufen, rennen oder hüpfen in den verschiedensten Variationen um oder über die Kissen. Auf ein Zeichen hin oder bei Musikstopp sitzen oder stehen die Kinder auf den Kissen, stehen im Vierfüßlerstand über den Kissen oder knien darauf, liegen auf dem Bauch oder Rücken auf dem Kissen, setzen sich im Schneidersitz darauf.

Kissenklemme

Alle klemmen das Kissen ein, etwa unter dem Arm, zwischen den Beinen, unter dem Kinn ... und gehen, laufen oder hüpfen damit.

Die Kinder und Erwachsenen dürfen nun selbst ausprobieren, was man mit den Kissen machen kann. Nachdem Sie ihre Ideen aufgegriffen haben, können Sie weiterführende Anregungen geben.

Reaktionsschulende Aufgaben

Kissenkick

Wer kann das Kissen mit seinem Kopf leicht hochstoßen und mit den Händen wieder fangen?

Kissentausch

Alle gehen, laufen oder rennen frei durch den Raum. Wer jemanden trifft, tauscht schnell sein Kissen mit ihm. Abschließend können sich alle im Kreis treffen und auf den Boden setzen. Nun erhält jeder reihum sein Kissen zurück: Einer beginnt und sagt: »Tom, bitte schicke mir mein Kissen zurück!« oder »Ich wünsche mir mein rotblaues Kissen zurück.« Wer das gemeinte Kissen hat, schleudert es über den Boden zum ursprünglichen Eigentümer.

Federn, hüpfen, springen

Kissenwege

Legen Sie gemeinsam Wege und Straßen aus Kissen, auf denen alle entlanghüpfen, -krabbeln oder -balancieren.

Variation: Wenn zwischen den einzelnen Kissen Lücken bleiben, können die Kissen auf verschiedene Weise übersprungen werden.

Kissenrunde

Alle über- oder umhüpfen das Kissen in verschiedenen Variationen (wie z.B. Schlusssprung, Pferdchensprung, auf einem Bein).

Känguru

Alle klemmen das Kissen zwischen ihren Knien oder Oberschenkeln ein und hüpfen damit durch den Raum.

Kräftigung der Muskulatur

Aufzug fahren

Alle legen sich auf den Bauch und heben und senken das Kissen mit den Händen. Oder sie werfen das Kissen hoch und versuchen, es wieder zu fangen. Dabei kommt es zu einer Kräftigung der Bauch- und Rückenmuskulatur.

Variation: Alle liegen auf dem Rücken, klemmen das Kissen zwischen die Füße und heben und senken es. Wer kann das mehrmals hintereinander, ohne den Boden zu berühren? Wer kann es hinter dem Kopf ablegen und mit den Füßen wieder aufnehmen?

Rundherum

Alle lassen das Kissen im Stehen, Sitzen oder Fersensitz um den Körper kreisen, indem sie es von einer Hand zur anderen reichen.

Variation: Alle sitzen und heben die gestreckten Beine an. Nun schieben sie das Kissen um ihren Po und geben es unter den Beinen durch.

Strampelei

Alle sitzen auf dem Kissen und strampeln kräftig mit den Beinen.

Kissenkreisel

Alle sitzen auf dem Kissen und drehen sich im Kreis (Sitzkarussell). Hierzu können Sie das Lied singen »Ich bin ein Karussell« (siehe Seite 40).

Kissenrutsche

Alle sitzen auf ihren Kissen und rutschen damit durch den Raum, indem sie sich mit den Füßen schieben – mal vorwärts, mal rückwärts. Später können die Eltern-Kind-Paare um die Wette rutschen.

Floßfahrt

Die Spieler knien oder sitzen im Schneidersitz auf dem Kissen und schieben sich mit den Händen über den Boden, wobei sie mehrmals die Richtung wechseln können.

Beine hoch!

Das Kissen liegt auf dem Boden und alle heben sitzend die gestreckten Beine über dem Kissen von einer zur anderen Seite.

Oder: Heben Sie die gestreckten Beine über das Kissen, grätschen sie und legen sie links und rechts vom Kissen ab. Mehrmals wiederholen.

Ziehen und schieben

Ein Spielpartner sitzt auf dem Kissen, der andere versucht, ihn zu ziehen oder zu schieben. Später werden die Rollen getauscht!

Pressen und drücken

Jeder versucht, sein Kissen mit Händen oder Füßen so klein als möglich zusammenzudrücken.

Fußgymnastik

Achten Sie darauf, dass immer beide Füße gleichmäßig zum Einsatz kommen!

Kissen drehen

Das Kissen liegt vor den Spielern auf dem Boden, die versuchen, es abwechselnd mit den Füßen zu drehen.

Kissen schieben

Alle schieben es zuerst mit dem einen, dann mit dem anderen Fuß durch den Raum.

Kissen heben

Alle versuchen, das Kissen mit den Zehen zu fassen und hochzuheben. Anschließend lassen sie es fallen oder werfen es weg. Sie könnten es auch ausschütteln.

Hau ruck

Alle fassen das Kissen mit einem Fuß und übergeben es in eine Hand.

Geschicklichkeit und Gleichgewicht

Lastenträger oder Lastesel

Alle balancieren das Kissen wie Lastenträger auf der flachen Hand, dem Kopf, dem Nacken oder einem anderen Körperteil oder werden zum Lastesel und tragen das Kissen auf dem Rücken. Wer kann damit auch gehen oder krabbeln, ohne es festzuhalten? Wer kann mit dem Kissen auf dem Kopf eine leichte Verbeugung machen, wenn er jemanden trifft? Wenn den Kindern das gut gelingt, versuchen sie, über eine Linie am Boden oder eine Schnur zu balancieren. Noch schwieriger und spannender wird es, wenn mit der Last Hindernisse überwunden werden sollen. Das könnten zum Beispiel Kissen, gespannte Schnüre, Stühle, eine Langbank oder ein auf dem Boden liegendes Kind sein. Dann fassen sich Erwachsene und Kinder an der Hand und versuchen, sich mit dem Kissen auf dem Kopf hinzusetzen und wieder aufzustehen.

Balancekunststücke

Die Kinder tragen wieder eine Last auf dem Kopf und versuchen, verschiedene Kunststücke zu vollbringen, zum Beispiel Kniebeugen machen, auf einem Bein stehen, auf Zehenspitzen gehen, im Hockgang gehen … Häufig genügt als Anreiz schon die Frage »Wer kann mit der Last auf dem Kopf ein besonderes Kunststück?« und die Kinder finden unzählige Möglichkeiten und Variationen.

Kissenberg

Alle türmen die Kissen zu einem hohen Berg auf, den sie besteigen und überwinden. Noch lustiger wird es, wenn Sie zusätzlich Matten einsetzen und mit Tüchern abdecken. Die Kinder gehen oder krabbeln über die Kissenlandschaft, die auf diese Weise entsteht. (Siehe dazu auch das Kapitel »Krabbelberge mit Matten« auf Seite 147–149.)

Eine Kissenschlacht baut überschüssige Energie und Spannungen ab.

Werfen und fangen

Weil das Kissen recht groß und zudem weich ist, eignet es sich besonders gut zu Fangübungen.

Vorübung

Alle halten das Kissen mit beiden Händen, lassen es für einen Moment los und fassen es gleich wieder.

Vierhändig werfen und fangen

Erwachsener und Kind fassen sich an den Händen, das Kissen liegt auf den Händen der beiden. Sie versuchen, das Kissen gemeinsam hochzuwerfen und wieder zu fangen, ohne die Handfassung zu lösen.

Werfen und drehen

Jeder wirft das Kissen in die Luft und fängt es wieder. Wer kann es sich dabei drehen lassen?

Einhändig werfen

Wer kann das Kissen mit einer Hand werfen und vielleicht sogar wieder fangen?

Mit Fuß und Hand

Das Kind legt das Kissen auf den Rist seines Fußes und schleudert es in die Luft. Der Erwachsene versucht, das Kissen zu fangen. Später werden die Rollen getauscht.

Entspannungsübungen

Diese Übungen lassen sich gut zwischen anderen Übungen einfügen.

Bauchatmung

Alle legen das Kissen auf ihren Bauch und sehen zu, wie es sich hebt und senkt. Eine gute Möglichkeit, um bewusst zu atmen und die Bauchatmung zu üben. Während die meisten Kinder diese Atmung noch instinktiv richtig machen, haben wir Erwachsenen sie oft verlernt.

Kissenschlacht

Bevor Sie die Kissen wieder wegräumen, veranstalten Sie noch eine lustige Kissenschlacht, die den Kindern großes Vergnügen bereitet.

Ausruhen

Gemeinsam ruhen sich alle ein wenig aus und kuscheln mit dem Kissen.

Schwingungen – Spiel und Spaß mit Seilen

Ziele: Förderung des Gleichgewichtssinnes, allgemeine Kräftigung

Geräte: Je ein Springseil für jedes Eltern-Kind-Paar, eventuell Joghurtbecher und Tablett

Balancierübungen, die sich mit Seilen besonders anbieten, führen neben der Förderung des Gleichgewichtssinnes immer auch zu erhöhter Konzentration und Beruhigung.

Aufwärmen

Die Seile werden im Raum verteilt und alle gehen, laufen und rennen um die Seile, ohne sie zu berühren. Auf entsprechenden Zuruf setzen sich alle auf ein Seil, legen sich daneben, stellen sich darauf ...

Kutschfahrt

Jedes Eltern-Kind-Paar nimmt ein Seil und bildet ein Pferdegespann, indem das Kind die Enden des Seiles und der Erwachsene die Seilmitte hält. So miteinander verbunden, gehen, laufen und rennen sie durch den Raum. Später könnten sogar kleinere Wettrennen mit zwei oder drei Gespannen durchgeführt werden. Nach einiger Zeit werden die Rollen getauscht.

Reaktionsschulende Aufgaben

Schlangen fangen

Der Erwachsene zieht ein Springseil hinter sich her oder lässt es wellenartig über den Boden gleiten, während das Kind versucht, die Schlange zu fangen, also auf das Seil zu treten. Die Kinder können auch versuchen, die Schlange mit den Händen zu fangen. Später werden die Rollen getauscht.

Federn, hüpfen, springen

Frösche fangen

Aus einem langen oder mehreren kurzen Seilen wird auf dem Boden ein Kreis gelegt – das soll der Teich sein, in dem sich viele Frösche (Erwachsene und Kinder) befinden. Um den Teich herum geht ein Storchenpaar spazieren. Auf ein Zeichen des Spielleiters hin springen alle Frösche aus dem Teich auf die Wiese und hüpfen herum. Beginnen die Störche mit dem Schnabel zu klappern, indem sie mit ausgestreckten Armen in die Hände klatschen, wissen die Frösche, dass die Störche nun Hunger haben, und versuchen, schnell in ihren Teich zurückzuhüpfen. Die Störche versuchen ihrerseits, ein Froschpaar mit dem Schnabel zu fangen. Der gefangene Frosch (Erwachsener und Kind) wird nun zum Storchenpaar.

Seilspringerei

Alle legen die Seile auf dem Boden aus und alle versuchen, auf unterschiedliche Weise vorwärts und rückwärts über die Seile zu springen und zu hüpfen. Wenn zwei Seile mit etwas Abstand nebeneinander ausgelegt werden, können breitere Gräben entstehen, die übersprungen werden sollen.

Pferdchenlauf

Das Seil wird einem Spielpartner um den Nacken gelegt und durch die Achseln nach hinten geführt – und schon kann der Pferdchenlauf losgehen. Hierzu kann das Kinderlied »Hopp, hopp, hopp, Pferdchen lauf Galopp« oder ein anderes Pferdchenlied gesungen werden.

Kräftigung der Muskulatur

Rettungsseil

Die Kinder sind einen Hang heruntergerutscht, liegen bäuchlings auf dem Boden und halten das Seil mit beiden Händen in der Mitte. Die Erwachsenen sind ihre Retter und ziehen nun die Kinder durch den Raum.

Tauziehen

Zwei Spielergruppen stehen einander gegenüber und halten jeweils ein Ende des Seiles mit beiden Händen fest. Auf ein Startsignal hin versucht jede Gruppe, sich rückwärts zu bewegen und das Seil mit sich zu ziehen. Hat eine der beiden Gruppen eine aufgezeichnete Mittellinie überschritten, hat die andere Gruppe gewonnen. Achtung: Es ist in jedem Fall sinnvoll, wenn Erwachsene mitziehen und ein wenig ausgleichend wirken, damit es nicht zu Stürzen und Verletzungen kommt, wenn eine Gruppe viel stärker ist oder mehrere Kinder unerwartet loslassen. Es kann auch nur ein Erwachsener mit einem Kind seilziehen. (Abb. siehe Seite 126.)

Sägerei

Eltern und Kinder sitzen sich gegenüber, die gegrätschten Beine aneinander gelegt. Nun fassen beide das mehrfach zusammengelegte Seil und bewegen sich abwechselnd weit vor und zurück, um einen imaginären Baumstamm zu zersägen. Die Übung kann auch im Hocksitz durchgeführt werden.

Geschicklichkeit und Gleichgewicht

Oberkellner

Ein Seil liegt in Windungen auf dem Boden. Ein Spieler bekommt zwei (eventuell mit Wasser gefüllte) Joghurtbecher – er ist der Ober. Er soll nun versuchen, mit den »Getränken« über das Seil zu balancieren, ohne danebenzutreten oder etwas zu verschütten. Noch schwieriger wird es, wenn die Joghurtbecher auf einem Tablett stehen und der Kellner mit dem beladenen Tablett bedienen muss! Die jüngeren Kinder können das Tablett mit beiden Händen festhalten. Die älteren Kinder versuchen es gleich ganz perfekt mit der flachen Hand. Am Ende der Strecke wartet ein Gast, der jetzt zum Ober wird und die gleiche Strecke zurückgehen soll.

Balancieren Sie mit einer Kartoffel oder einem Tischtennisball in einem Löffel über das Seil. Für ganz kleine Kinder anstatt des Löffels ein Teesieb verwenden.

Balanceakt

Legen Sie mehrere Seile am Boden aus, zum Teil gerade, zum Teil in Kurven. Nun balancieren alle über die Seile, mal langsam, mal schnell, vorwärts, rückwärts und seitwärts.

Kriechen

Zwei Spieler halten das Seil gespannt mit etwas Abstand über dem Boden. Alle versuchen nun, unter dem Seil durchzukriechen, ohne es zu berühren. Sie könnten auf dem Bauch robben oder sich rücklings durchschieben. Die Höhe des Seiles kann verändert werden, so dass alle zuerst durchkrabbeln und später darübersteigen und -hüpfen können.

Ringel-Rangel-Reifen

Ziele: Förderung der Bewegungsfreude, allgemeine Kräftigung und Verbesserung der Gewandtheit und Geschicklichkeit

Geräte: Gymnastikreifen, Tamburin, Ball, Kassetten- oder CD-Rekorder

Für Beschäftigungen mit dem Reifen benötigen Sie viel Platz, es dürfen nicht zu viele Teilnehmer sein.

Aufwärmen

Die Reifen liegen bereits im Turnraum verteilt, die Kinder werden aufgefordert, sich mit den Erwachsenen in ein »Nestchen« zu setzen. Erklären Sie den Teilnehmern nun, dass sie, solange sie Musik hören, durch den Raum rennen dürfen, ohne die Reifen zu berühren. Sobald die Musik verstummt, kehren die Kinder und Erwachsenen zu ihren Reifen zurück, bleiben stehen und erhalten verschiedene Aufgaben. Wenn sie die Aufgabe erfüllt haben und die Musik wieder einsetzt, rennen Eltern und Kind erneut los. Folgende Aufgabenstellungen wären denkbar:

- Langsam um den Reifen herumgehen
- Rückwärts um einen Reifen herumgehen
- Vorwärts gehen, im Zickzack oder in Schlangenlinien um die Reifen herum
- Auf der Stelle in einem Reifen rennen
- Zusammen fest in einem Reifen kuscheln
- Der Erwachsene macht eine Brücke im Reifen, das Kind krabbelt durch
- Erwachsener und Kind fassen sich an den Händen und tanzen um den Reifen
- Der Erwachsene stellt sich in den Reifen und lässt das Kind in die Luft fliegen
- Erwachsener und Kind laufen auf Händen und Füßen um den Reifen und versuchen vielleicht sogar, einander zu fangen
- Die Kinder verkriechen sich in einer Höhle (der Erwachsene auf allen vieren im Reifen)
- Alle hüpfen im Reifen so hoch als möglich
- Der Erwachsene macht für sein Kind einen Schaukelstuhl im Reifen

Das Prinzip des Tauziehens (Seite 123) lässt sich auch mit einem Reifen umsetzen.

- Der Erwachsene ist ein Baumstamm (liegt flach auf dem Boden), das Kind soll zuerst über den Baumstamm steigen und ihn dann wegrollen, ohne dabei einen Reifen zu berühren
- Alle sind nun kleine Vögel, setzen sich in ein Nest (Reifen) und ruhen sich kurz zusammengekuschelt aus

Zunächst dürfen alle Kinder und Erwachsenen den Reifen selbst ausprobieren und mit ihm spielen. Nach einiger Zeit soll jedes Eltern-Kind-Paar, dem etwas eingefallen ist, zur Mitte kommen, auf die Handtrommel klopfen und eine Übung zeigen. Alle versuchen, die Übung nachzuahmen. Folgende Übungen wären denkbar oder könnten ergänzt werden:

Reaktionsschulende Aufgaben

Hochwasser

Die Reifen sind die Inseln. Auf Zuruf »Hochwasser« sucht sich jedes Kind zusammen mit seinem Erwachsenen eine Insel.

Kreisel

Wer kann den Reifen auf den Boden stellen und ihn mit kräftigem Schwung zum Drehen bringen? (Hier brauchen die Kinder meist Hilfe). Bis sich der Reifen ausgedreht hat, gehen alle um den Reifen herum.

Fahrzeuge

Alle fahren mit den Reifen Auto oder Omnibus. Der Reifen ist das Lenkrad. In den Kurven weit nach rechts oder links lehnen und dabei den Oberkörper beugen.

Jetzt sind alle ein kleines Bobbycar. Der Reifen ist wieder das Lenkrad und alle bewegen sich in sitzender Weise fort. Hierzu können Sie das Lied »Wir fahren mit dem Auto« singen (siehe Seite 38).

Federn, hüpfen, springen

Außen herum

Der Erwachsene sitzt im Reifen, das Kind hüpft mit geschlossenen Füßen (Schlusssprung) um den Reifen herum. Auf ein Zeichen tauschen die Partner die Rollen.

Variation: Einer sitzt im Reifen, der andere hüpft auf einem Bein außen herum.

Rein und raus

Alle springen im Schlusssprung in den Reifen, drehen sich um und springen wieder heraus. Wer kann das auch seitwärts oder rückwärts?

Hin und zurück

Erwachsener und Kind starten gemeinsam am Reifen und springen im Seitgalopp zur Wand und wieder zurück in den Reifen. Den Kindern fällt der Seitgalopp leichter, wenn sie sich mit Handfassung dem Erwachsenen gegenüber befinden.

Variation: Alle sind Pferdchen und bewegen sich deshalb im Pferdchensprung zur Wand und wieder zurück in den Stall (Reifen).

Inselspringen

Die Reifen sind die Inseln. Sie liegen dicht beieinander. Da um die Inseln nur Meer ist, müssen die Kinder versuchen, von Insel zu Insel zu springen, ohne danebenzutreten oder ins Wasser zu fallen. Vielleicht sind die Erwachsenen sogar Haie, die im Meer lauern?

Spieglein, Spieglein an der Wand

Der Erwachsene sitzt auf dem Boden und hält den Reifen als Spiegel vor sich. Das Kind versucht, einen Blick in den Spiegel zu erhaschen. Das ist gar nicht so leicht, weil der Spiegel nicht stillhält. Der Erwachsene bewegt sich dazu mit dem Reifen in verschiedene Richtungen.

Kräftigung der Muskulatur

Rund herum

Der Reifen liegt auf dem Boden. Alle stützen die Hände im Reifeninneren auf und laufen mit den Füßen außen um den Reifen herum. Nach einiger Zeit die Richtung ändern.

Auf und nieder

Die Kinder setzen sich in den Reifen und fassen ihn mit den Händen und Zehen. Nun versuchen sie, den Reifen hochzuheben und dabei Arme und Beine zu strecken. Der Erwachsene muss dabei eventuell das Kind stützen, damit es nicht umfällt.

Hoch, tief, unten durch

Erwachsener und Kind liegen sich auf dem Bauch gegenüber, der Reifen dazwischen. Nun versuchen beide, den Reifen zu ergreifen und mit gestreckten Armen zu heben und zu senken. Die Übungsleiterin kann mit einem Ball durch den Raum gehen und bei den Eltern-Kind-Paaren anhalten, um den Ball unter dem angehobenen Reifen durchzurollen.

Schweben

Wie nebenan, aber der Erwachsene versucht nun, das Kind am Reifen hochzuheben. Um Verletzungen durch Stürze zu vermeiden, sollte eine Matte untergelegt werden.

Riesengroß

Alle stellen sich in den Reifen und heben ihn ganz hoch über den Kopf – so gehen sie als Riesen auf Zehenspitzen durch den Raum.

Mäuschenstill

Alle heben den Reifen wieder hoch über den Kopf, aber nun versuchen sie den Reifen ganz leise wieder auf den Boden zu legen. Wer schafft das dreimal hintereinander ohne Geräusche?

Baum im Wind

Alle heben den Reifen über den Kopf und beugen sich damit federnd nach rechts und links.

Reifen antippen

Alle liegen auf dem Rücken und halten den Reifen waagrecht in die Höhe. Nun versuchen sie abwechselnd das rechte und linke Bein zum Reifen zu führen, später beide Beine gleichzeitig. Die Erwachsenen können die Übung zunächst demonstrieren und später den Kindern helfen, den Reifen zu halten.

Reifenwalze

Erwachsener und Kind liegen am Boden und halten den Reifen zwischen sich. Sie versuchen nun, sich vom Bauch auf den Rücken zu drehen, ohne den Reifen loszulassen. Hier bietet es sich an, eine Mattenbahn zu legen.

Schlepper

Die Kinder ziehen den Reifen als Wagen mit beiden Händen hinter sich her. Die Erwachsenen tun es ihnen im Hockgang nach.

Abschleppwagen

Das Kind stellt sich auf den Reifen und hält sich oben fest, der Erwachsene zieht oder schiebt das Kind mit dem Reifen durch den Raum.

Putzerei

Die Erwachsenen putzen die Halle, ihr Kind ist der Putzlappen. Es liegt auf dem Boden und hält sich am Reifen fest. Der Erwachsene zieht das Kind durch den Raum – eventuell im Kreis oder mit leicht schwingenden Bewegungen.

Kräftemessen

Erwachsener und Kind liegen einander auf dem Boden gegenüber, der Reifen liegt zwischen ihnen. Nun versuchen sie sich gegenseitig heranzuziehen. Wer ist stärker?

Reifenziehen

Erwachsener und Kind halten den Reifen zwischen sich und ziehen daran wie beim Tauziehen. Wer schafft es, sein Gegenüber ein Stück auf seine Seite zu ziehen?

Fußgymnastik

Anheben

Alle versuchen im Stand den Reifen mit den Zehen eines Fußes hochzuheben.

Festhalten

Alle sitzen auf dem Boden und fassen den Reifen mit den Zehen beider Füße.

Geschicklichkeit und Gleichgewicht

Reifenrollen

Die Spieler rollen den Reifen neben sich her, zunächst gerade, später kreuz und quer durch die Halle.

Reifenbalance

Der Reifen liegt am Boden und alle balancieren auf ihm zunächst vorwärts, dann auch seitwärts und rückwärts.

Reifen zurollen

Erwachsener und Kind stehen sich gegenüber und rollen den Reifen hin und her. Oft dauert es eine ganze Weile, bis die Kinder den Dreh raushaben, aber meist verlieren eher die Erwachsenen die Geduld, während die Kinder immer wieder zu einem neuen Versuch ansetzen. Mit der Zeit wird der Abstand zwischen den Partnern vergrößert.

Oben rein, unten raus

Der Erwachsene hält den Reifen waagrecht über dem Boden. Das Kind steigt von oben in den Reifen hinein und kriecht unten wieder heraus. Wer schafft es, ohne den Reifen dabei zu berühren? Erwachsener und Kind tauschen anschließend die Rollen.

Mittendurch

Alle Erwachsenen halten ihre Reifen mit wenig Abstand nebeneinander, abwechselnd waagrecht und senkrecht. Die Kinder steigen durch die Reifen. Wer schafft das, ohne die Reifen zu berühren?

Variation für eine paarweise Übung: Der Erwachsene hält den Reifen senkrecht. Das Kind steigt durch den Reifen und geht um den Erwachsenen herum. Danach Rollentausch.

Die Waage

Alle stellen den Reifen senkrecht und fassen ihn oben mit beiden Händen. Nun versuchen sie, auf einem Bein zu stehen, indem sie das andere Bein nach hinten wegstrecken. Die Erwachsenen stützen die Kinder.

Balancier mit mir

Die Paare sitzen einander gegenüber, der Reifen liegt auf ihren Füßen. Indem sich beide nun nach hinten beugen und die Füße anheben, heben sie auch den Reifen.

Hulahopp

Alle steigen in den Reifen, halten ihn in Hüfthöhe kurz fest und versuchen, ihn durch kreisende Bewegungen des Rumpfes um den Körper tanzen zu lassen.

Die Mühle

Erwachsener und Kind halten den Reifen zwischen sich und beginnen sich immer schneller im Kreis zu drehen, beziehungsweise in die Knie zu gehen:

Wir zählen bis zehn, die Mühle bleibt stehn.
Wir zählen bis hundert, die Mühle geht unter.
Wir zählen bis tausend, die Mühle geht sausend.

Schiffschaukel

Das Kind sitzt im Grätschsitz des Erwachsenen, der Reifen ist aufgestellt unter den Knien. Beide halten sich am Reifen fest, schaukeln seitwärts hin und her und lassen sich nach hinten umfallen, ohne den Reifen loszulassen.

Fährt ein Schifflein übers Meer,
schaukelt hin und schaukelt her,
kommt ein großer Sturm,
bläst mein Schifflein um – bumm!

Schlussspiele

Bäumchen wechsle dich

Die Reifen liegen willkürlich im Raum verteilt. Die Kinder stellen sich jeweils zusammen mit einem Erwachsenen in die Reifen hinein, nur ein Eltern-Kind-Paar bleibt übrig. Rufen sie »Bäumchen wechsle dich!«, müssen alle Paare schnell ihre Plätze tauschen und das Paar aus der Mitte versucht, ebenfalls in einen Reifen zu gelangen. Wer keinen Reifen mehr erreicht hat, darf als Nächstes »Bäumchen wechsle dich!« rufen.

Kuckucksnest

Die Reifen liegen willkürlich im Raum verteilt – sie sind die Vogelnester. Erwachsene und Kinder sind Kuckucks und fliegen mit kräftig auf und ab schwingenden Armen zwischen den Nestern umher. Plötzlich kommt ein Gewitter (Sie klopfen auf das Tamburin o.Ä.). Nun müssen die Kuckucks schnell nach Hause fliegen, um nicht nass zu werden. Jedes Kuckuckskind sucht mit seiner Mutter einen Reifen und gemeinsam springen sie hinein. Auf ein Zeichen hin scheint die Sonne wieder (überkreuzen Sie die Hände über dem Kopf) und alle Vögel fliegen wieder los.

Für ältere Kinder: Zwischen jeder Spielrunde, also wenn die Vögel wieder fliegen, entfernen Sie einen Reifen – der Wind hat das Nest vom Baum geweht. Und weil ein Kuckuck sich bekanntlich auch in ein fremdes Nest setzt, versucht jedes Mutter-Kind-Paar, sich beim nächsten Gewitter in den nächstgelegenen Reifen zu flüchten. Wer kein Nest gefunden hat, scheidet aus.

Diese weiterführende Spielidee eignet sich eher für ältere Kinder, weil es jüngeren Kindern schwer fällt, ausscheiden zu müssen. Wird diese Spielform allerdings als Schlussspiel eingesetzt, können sich die ausscheidenden Kinder mit ihren Eltern gleich zum Kreis zusammenfinden, in dem dann das Abschlusslied gesungen wird.

Spaß und Spiel an der Langbank

Ziele: Haltungsverbesserung, Gleichgewichtstraining, Fußkräftigung, Sprungfähigkeit

Geräte: Langbänke, eventuell Medizinball, Bohnensäckchen, Besenstil oder Regenschirm

Durch das Üben auf den breiten und schmalen Seiten, den Fähigkeiten der Kinder angepasst, üben die Kinder koordinierte und kontrollierte Bewegungen. Die Erwachsenen sollten nur Hilfestellung geben, wo sie unbedingt nötig scheint, um die Kinder nicht unnötig zu hemmen und ängstlich werden zu lassen. Besonders die Balanceübungen lassen sich ebenso gut mit einem Seil durchführen, gerade wenn die Kinder noch unsicher sind und Angst haben zu stürzen.

Es ist sinnvoll, ans Ende der Bänke grundsätzlich eine Matte legen, um die Sprünge zu dämpfen und Purzelbäume von den Bänken zu ermöglichen.

Purzelbaum

In Verbindung mit Bänken gibt es gute Möglichkeiten, um das Gelingen eines Purzelbaumes anzubahnen: Die Kinder knien auf dem Bankende. Nun sollen sie unter die Bank spitzeln und aus dieser Position einen Purzelbaum probieren.

Oder: Schaffen Sie eine schiefe Ebene, von der aus ein Purzelbaum besonders leicht gelingt.

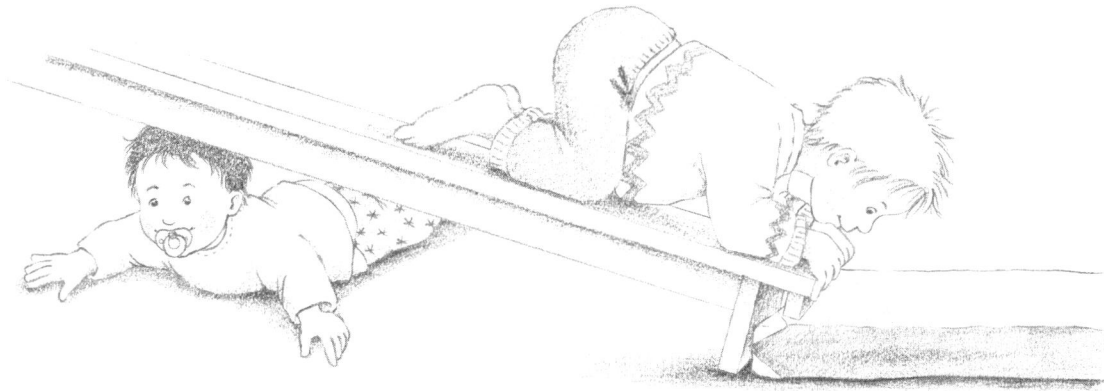

Aufwärmen

Die Bänke werden parallel mit etwas Abstand zueinander aufgestellt. Die Erwachsenen und Kinder gehen, laufen, krabbeln im Kreis oder in Form einer Acht um die Bänke herum. Alle Bewegungsformen können auch rückwärts oder seitwärts, langsam oder schnell, ganz laut oder leise durchgeführt werden. Auch der Seitgalopp oder der Hopserlauf kann geübt werden.

Alle Erwachsenen und Kinder hüpfen im Schlusssprung um die Bänke herum. Auf Zuruf »Pause« setzen sich die Erwachsenen schnell auf die Bänke, die Kinder setzen sich auf deren Schoß.

Schlange

Alle Erwachsenen und Kinder fassen sich an den Händen und laufen in einer langen Schlange um die Bänke herum.

Platzwechsel

Die Bänke stehen parallel zueinander. Die Erwachsenen sitzen auf der einen Bank, die Kinder auf der anderen. Auf Zuruf »Platzwechsel« tauschen sie schnell die Plätze.

Fangen um die Bank

Erwachsene und Kinder fangen einander, indem sie um die Bank rennen. Richtungswechsel bringen mehr Spannung ins Spiel. Den Kindern fällt es manchmal gar nicht so leicht, die engen Kurven um die Schmalseiten der Bank zu nehmen, deshalb sollten Sie auf ausreichend Abstand zur Bank achten, um Verletzungen durch Stürze zu vermeiden.

Federn, hüpfen, springen

Über die Bank

Die Kinder gehen, laufen und hüpfen von einem Ende der Bank zum anderen. Der Erwachsene reicht dem Kind die Hand nur, wenn es nötig sein sollte. Sie können auch als Riese auf Zehenspitzen und als Zwerg im Hockgang gehen. Am Ende angelangt, springen die Kinder im Schlusssprung von der Bank. Sie können auch einen Strecksprung probieren: Hierzu müssen sie gestreckt so hoch als möglich springen.

Kräftigung der Muskulatur

Hoppe, hoppe, Reiter

Die Erwachsenen setzen sich auf die Bänke und nehmen ihre Kinder auf den Schoß. Nun sprechen und spielen sie den bekannten Kniereiter »Hoppe, hoppe, Reiter«.

Springen und kriechen

Die Reiter steigen ab und die Erwachsenen strecken ihre Beine aus. Die Kinder springen über die Beine des Erwachsenen und kriechen auf dem Rückweg unter den Beinen des Erwachsenen hindurch.

Angeklebt

Erwachsene und Kinder krabbeln im Vierfüßlergang über die Bank. Die Kinder halten sich dabei an den Fersen der Erwachsenen fest – sie »kleben« an ihnen. Am Ende lässt das Kind die Fersen des Erwachsenen los und versucht, mit dessen Hilfe einen Purzelbaum von der Bank zu machen.

Beinschwingen

Alle setzen sich mit gestreckten Beinen auf die Bank und stützen sich mit den Händen hinter dem Rücken. Nun schwingen sie die Beine einmal nach rechts und einmal nach links über die Bank. (Auf genügend Abstand zueinander achten!)

Schwimmen

Alle legen sich bäuchlings quer über die Bank und versuchen, mit den Händen und Füßen gleichzeitig Schwimmbewegungen zu machen.

Sit-ups

Die Spieler legen sich rücklings vor die Bank und versuchen, die Füße unter der Bank festzuklemmen. Nun richten alle den Oberkörper auf, klatschen mit den flachen Händen auf die Bank und legen sich wieder hin. Mehrmals wiederholen.

Variation: Alle sitzen im Reitersitz auf der Bank und versuchen, sich mit den Füßen unter der Bank festzuhalten. Nun legen sie sich auf den Rücken und richten sich wieder auf. Mehrmals wiederholen. Bauch dabei fest anspannen!

Rudern

Alle sitzen mit gegrätschten Beinen hintereinander auf der Bank (Reitersitz). Die Hände legen sie auf die Schultern des Vordermannes und schwingen im gleichen Rhythmus vor und zurück. Wem fällt ein Schifffahrtslied dazu ein?

Radfahren

Erwachsener und Kind setzen sich auf die Bank und heben die Beine. Nun führen sie die Bewegung des Radfahrens aus. Noch schwieriger wird es, wenn die Hände die Bank nicht mehr berühren.

Schubkarren fahren

Der Erwachsene steht, die Bank zwischen seinen gegrätschten Beinen, und umfasst die Oberschenkel des Kindes. Das Kind läuft nun »Schubkarre« über die Bank.

Hund und Katze

Die Kinder sind die Katzen, die Erwachsenen die Hunde. Die Katzen versuchen, den Hunden zu entkommen, indem sie unter den Bänken durchkriechen – den Rücken sollen sie dabei weit durchbiegen. Die Hunde versuchen, den Katzen zu folgen und sie zu fangen, indem sie im Vierfüßler über die Bänke steigen. Später werden die Rollen getauscht. Schaffen es die erwachsenen Katzen auch, unter den Bänken durchzukriechen?

Über die Bank ziehen und schieben

● Erwachsene und Kinder ziehen sich in Bauchlage die ganze Bank entlang. Die Hände befinden sich dazu vor dem Körper. Schwieriger wird es, wenn sie die Fersen dabei zum Po ziehen.

● Die Erwachsenen ziehen sich in Bauchlage über die Bank. Die Kinder dürfen dabei abwechselnd auf dem Rücken des Erwachsenen sitzen oder liegen.

● Erwachsene und Kinder schieben sich in Rückenlage über die Bank. Die Hände befinden sich dabei seitlich des Körpers.

● Erwachsene und Kinder ziehen sich in Rückenlage über die Bank. Die Arme befinden sich dazu über dem Kopf.

● Erwachsene und Kinder liegen mit dem Rücken auf der Bank und schieben sich, ohne Zuhilfenahme der Arme, nur mit den Füßen über die Bank.

Kräftemessen

Erwachsener und Kind setzen sich Rücken an Rücken auf die Bank. Nun versuchen sie, einander wegzuschieben – wer ist stärker?

Rutschen im Reitersitz

Alle setzen sich auf die Bank im Reitersitz und rutschen zunächst vorwärts, dann rückwärts die Bank entlang.

Schwingen

Zwei Erwachsene stehen sich mit über der Bank gegrätschten Beinen gegenüber. Nun halten sie das Kind an den Oberarmen und schwingen es über die Bank.

Geschicklichkeit und Gleichgewicht

Hundelauf

Die Spieler gehen auf allen vieren über die Bank und machen am Schluss »Männchen«, bevor sie abspringen.

Storchenlauf

Alle gehen im Storchengang, also mit Anziehen der Beine, über die Bank. Am Schluss klappern sie ein paar Mal, indem sie die entsprechenden Bewegungen mit Händen und Armen machen, bevor sie abfliegen.

Bergpfad mit Hindernis

Die Spieler begehen einen schmalen Bergpfad, auf dem ihnen ein großer Fels im Weg ist. Dazu etwa in der Mitte einen Medizinball auf die Bank legen. Die Kinder versuchen nun, über die Bank zu gehen und den Ball zu übersteigen.

Variation: Bankschmalseite liegt oben.

Guten Tag, Frau Maier

Jeweils ein Kind und ein Erwachsener stellen sich an den Enden der Langbank gegenüber auf. Nun machen sie einen Spaziergang über die Bank. In der Mitte treffen sie sich und die Füße begrüßen einander, dazu dürfen sie sich berühren und die Kinder sagen: »Guten Tag, Frau Maier.« Dann setzen die Spaziergänger ihren Ausflug fort, indem sie umeinander herumgehen, ohne dabei von der Bank zu fallen. Die Spieler können sich dazu gegenseitig stützen und festhalten.

Seiltänzer

Die Kinder spielen Seiltänzer im Zirkus. Sie balancieren mit dem Besenstiel als Balancierstange oder dem aufgespannten Regenschirm über die Langbank. Jüngere Kinder können vorwärts balancieren. Wer sich schon traut, darf auch rückwärts oder seitwärts balancieren. Vielleicht wagen einige sogar schon ein paar Kunststücke, wie einen kleinen Hüpfer in der Mitte oder auf einem Bein stehen oder sich vor dem Publikum verbeugen. Noch schwieriger wird es, wenn Sie die Bank umdrehen, so dass die schmale Seite oben liegt. Die Zuschauer belohnen den Seiltänzer natürlich mit reichlich Applaus!

Paarlauf

Die Bänke werden etwas dichter nebeneinander gestellt. Kinder und Erwachsene gehen nun nebeneinander auf beiden Bänken mit Handfassung von einem Ende zum anderen. Schließlich springen sie im Schlusssprung von der Bank.

Schiffschaukel

Zwei Kinder dürfen sich einander zugewandt auf die Mitte einer Bank setzen. Die Erwachsenen heben die Bank etwas an und lassen die Kinder vor und zurück schaukeln.

Bergaufsteigen

Schaffen Sie eine schiefe Ebene, indem Sie die Langbank an der Sprossenwand einhängen.

Kinder und Erwachsene dürfen auf allen vieren die Bank hinaufkriechen und an der Sprossenwand wieder absteigen. Achtung, falls die Kinder Hilfestellung benötigen, bleiben die Erwachsenen neben der Bank und unterstützen die Kinder. Die Kinder können sich auch in Bauchlage oder sitzend hochziehen und wieder herunterrutschen. Wer schafft es, aufrecht den Berg zu erklimmen?

Bergabsteigen

Die Kinder gehen die Sprossenleiter hoch. Wer kann aufrecht über die Bank wieder absteigen?

Spaß und Spiel ohne Geräte
Partnerübungen

Ziele: Förderung der Fähigkeit zu kooperativem Tun, außerdem der Körperwahrnehmung und Geschicklichkeit, allgemeine Kräftigung

Geräte: keine

Partnerübungen sind besonders geeignet, die Beziehung zwischen Erwachsenem und Kind zu vertiefen. Das Selbstvertrauen wird gestärkt, weil Kinder nicht nur Hilfe annehmen, sondern auch geben und so zu gleichberechtigten Partnern werden.

Aufwärmen

Wer kommt ins Haus

Der Erwachsene bewegt sich rückwärts vom Kind weg und lockt es mit folgendem Ruf: »Wer kommt in mein Haus, der Tom oder die Maus?« (Entsprechenden Namen einsetzen.) Wenn das Kind den Erwachsenen erreicht hat, nimmt er es in seine Arme und schwingt es im Kreis herum. Jüngere Kinder lieben es, dieses Spiel mehrmals zu wiederholen.

Fangen

Erwachsener und Kind sitzen einander gegenüber. Auf Zuruf fängt abwechselnd der Erwachsene das Kind, dann wieder das Kind den Erwachsenen.

Laufen im Kreis

Erwachsener und Kind fassen einander an der Hand und laufen gemeinsam im Kreis. Auf ein Zeichen hin wechseln sie die Hand und laufen in die andere Richtung weiter.

Durcheinander

Dieses Spiel eignet sich gut als Musik-stopp-Spiel: Alle Erwachsenen und Kinder laufen durcheinander. Auf ein Signal hin finden sie wieder zueinander und laufen paarweise weiter. Auf ein weiteres Zeichen finden sich jeweils zwei Paare zusammen ... bis alle in einer großen Schlange durch den Raum laufen. Nun können Sie gleich mit dem folgenden Spiel fortfahren:

Schwanz fangen

Alle laufen mit Handfassung durch den Raum. Der Spieler, der sich am Anfang der Schlange befindet, versucht den Spieler am Schwanz zu erwischen. Ist das gelungen, darf der Gefangene die Schlange anführen und versucht nun seinerseits den Schwanz zu fangen.

Wetterwechsel

Alle gehen frei im Raum spazieren. Auf Zuruf »Die Sonne scheint!« gehen die Erwachsenen auf alle viere und die Kinder setzen sich auf die so entstandene Bank. Danach wieder freies Laufen. Auf den Zuruf »Es regnet!« gehen die Erwachsenen wieder auf alle viere und die Kinder schlüpfen unter die so entstandene Brücke. Die Kinder können dazwischen auch laufen, rennen, hüpfen, stampfen ...

Torlauf

Erwachsene und Kinder laufen paarweise mit gefassten Händen durch den Raum. Wenn sich Paare begegnen, bildet eines einen Torbogen, indem es die Hände anhebt, das andere läuft unter dem Tor durch.

Schattenlauf

Ein Spieler läuft hinter einem Partner her und versucht, dessen Bewegungen nachzuahmen. Die Schattenläufer können schnell oder langsam, vorwärts, rückwärts oder seitwärts laufen. Nach einiger Zeit tauschen sie die Rollen.

Reaktionsschulende Aufgaben

Tipp-Tapp

Das Kind versucht, auf die Füße des Erwachsenen zu treten, während der Erwachsene versucht, in alle Richtungen auszuweichen. Da heißt es, schnell sein! Später werden die Rollen getauscht.

Achterbahn

Der Erwachsene steht mit gegrätschten Beinen. Das Kind krabbelt oder kriecht in Achtform um die Beine herum. Für die Kinder sehr lustig: Können die Erwachsenen das auch bei den Kindern?

Krabbelei

Die Erwachsenen laufen auf allen vieren durch den Raum. Begegnen sie einem Kind, bleiben sie stehen. Die Kinder versuchen, schnell unter ihnen durchzukrabbeln, ohne sie zu berühren.

Variation: Die Erwachsenen stehen mit gegrätschten Beinen, die Kinder krabbeln möglichst schnell zwischen den Beinen durch, ohne sie zu berühren.

Federn, hüpfen, springen

Freudentanz

Der Erwachsene sitzt im Grätschsitz am Boden. Das Kind läuft um den Erwachsenen herum und springt über seine Beine. Der Freudentanz wird von lautem Freudengeheul begleitet. Später kann der Erwachsene die Beine auch schließen oder anheben.

Springer

Das Kind umkreist hüpfend den stehenden Erwachsenen, dann hält es dessen Daumen, springt hoch und wird vom Erwachsenen in der Luft gehalten. Vielleicht kann es dabei die Beine einmal grätschen und wieder schließen. Die Hüpfbewegungen können beliebig variiert werden: Pferdchenlauf, Seitgalopp, mit geschlossenen Beinen, auf einem Bein ...

Hasenjagd

Erwachsene und Kinder werden zu Hasen: Sie gehen in die Hocke und hüpfen, indem sie die Hände auf dem Boden abstützen und mit den Füßen nachhüpfen. Auf diese Weise versuchen sie, einander zu fangen. Sie können auch nach Hasenart im Zickzack springen, indem sie die Hände abwechselnd einmal rechts und einmal links des Körpers aufsetzen.

Frösche am See

Erwachsene und Kinder werden zu Fröschen, indem sie in die Hocke gehen und dabei die Beine grätschen. Nun bewegen sie sich mit großen Sprüngen vorwärts. Später können auch Wetthüpfen oder Fangspiele auf diese Weise durchgeführt werden.

Hüpfen auf einem Bein

Für Kinder ist es sehr schwer, auf einem Bein zu hüpfen. Am Anfang schaffen sie es oft nur wenige Sekunden, die Balance zu halten. Sie können ihnen folgende Aufgaben stellen: »Wer kann einmal auf einem Bein um die Mama herumhüp- fen?« – hierzu kann diese ihnen zur Un- terstützung die Hand reichen. Wer schafft es dreimal, auf einem Bein zu hüpfen? Wer kann auf einem Bein bis zur Mama oder zur nächsten Wand hüp- fen?

Kräftigung der Muskulatur

Krabbelkäfer

Der Erwachsene und das Kind sitzen ei- nander mit gegrätschten Beinen gegen- über. Die Finger verwandeln sich in klei- ne Krabbelkäfer, die einander besuchen möchten: Alle setzen die Finger am Boden auf und krabbeln aufeinander zu, wobei sich die Krabbelkäfer ein wenig necken und manchmal schnell wieder ein kleines Stück zurückkrabbeln. Um zu erreichen, dass die Kinder sich mit ihren Fingern so weit als möglich nach vorne arbeiten, können sie auch einmal die Krabbelkäfer des Erwachsenen zu Hause besuchen oder versuchen, sie zu fangen.

Kettenkarussell

Der Erwachsene hält das Kind an beiden Händen und schwingt es kreisend durch die Luft, wobei er auch die Höhe ein we- nig variiert.

Flieger

Der Erwachsene hält das Kind an einem Arm und einem Bein gut fest und schwingt es kreisend durch die Luft. »Noch mal!«-Rufe sind garantiert.

Rad fahren

Erwachsener und Kind sitzen oder liegen einander gegenüber, legen die Füße an- einander und bewegen sie, als würden sie Rad fahren. Es ist gar nicht so leicht, die Bewegungen aufeinander abzustimmen, damit die Füße sich während der Fahrt immer berühren.

Variation: Mit jüngeren Kindern können Sie auch die Füße nur zusammenpat- schen, aneinander drücken oder versu- chen, sich mit den Fußsohlen gegenseitig wegzudrücken.

Zehengeschichten

Alle sitzen einander gegenüber und die Zehen »erzählen« sich etwas, indem sie aneinander trippeln. Zum Abschluss winken sich die Zehen und Füße zu.

Fußkuss

Alle legen sich nebeneinander auf den Rücken und greifen nach den eigenen Füßen. Wer schafft es, mit den Zehen bis zum Mund zu kommen und jedem Zeh einen Kuss zu geben? Den Kindern gelingt das meist recht gut, während die Erwachsenen nicht selten Schwierigkeiten haben. Manchmal schaffen sie es, wenigstens die Nase zu berühren.

Variation: Alle sitzen am Boden und tippen sich mit dem großen Zeh an die Stirn.

Porutschen

Der Erwachsene und das Kind sitzen nebeneinander und bewegen sich nun sitzend auf dem Po vorwärts und rückwärts. Sie könnten auch ein kleines Wettrutschen veranstalten.

Rutschpartie

Das Kind liegt auf dem Bauch am Boden. Der Erwachsene erfasst die gestreckten Arme des Kindes, zieht es ein wenig durch den Raum, zieht den Oberkörper in die Höhe und legt es wieder ab. Nach einigen Wiederholungen werden die Rollen getauscht – allerdings werden wohl mehrere Kinder einen Erwachsenen ziehen müssen.

Komm hoch

Der Erwachsene liegt bäuchlings auf dem Boden, das Kind hält seine Füße fest. Auf Zuruf des Kindes »Komm hoch!« versucht der Erwachsene mit dem Oberkörper hochzukommen. Die Arme sind dabei im Nacken verschränkt.

Allez hopp

Der Erwachsene und das Kind stehen einander gegenüber und fassen sich an den Händen. Nun springt das Kind hoch und umklammert mit seinen Beinen die Taille des Erwachsenen. Der Erwachsene stützt das Kind am Po, während dieses versucht, seinen Oberkörper zurückzubeugen und wieder hochzukommen.

Schubkarren fahren

Das Kind geht in den Liegestütz, während der Erwachsene seine Oberschenkel umfasst. Nun versucht das Kind, sich vorwärts zu bewegen.

Variation: Alle liegen mit etwas Abstand nebeneinander mit lang ausgestreckten Armen und Beinen auf dem Rücken. Nun versuchen sie, über die Seite auf den Bauch und wieder auf den Rücken zu rollen und immer so weiter.

Oder: Je zwei Spieler liegen einander gegenüber auf dem Bauch und fassen einander mit gestreckten Armen an den Händen. Während sie die Beine fest geschlossen halten, rollen sie miteinander in eine Richtung, ohne sich loszulassen.

Kräftemessen

Der stehende Erwachsene streckt seine Arme seitlich. Das Kind versucht, die Arme nach oben oder unten zu drücken.

Variation: Der Erwachsene sitzt mit gestreckten Beinen, auf die Arme gestützt, am Boden. Während er versucht, seine Beine anzuheben, drückt das Kind kräftig dagegen, um sie am Boden zu halten. Hierbei wird die Bauchmuskulatur des Erwachsenen und die Armmuskulatur des Kindes gekräftigt. Nach einiger Zeit werden die Rollen getauscht.

Klettermaxe

Das Kind steht vor dem Erwachsenen und hält dessen Daumen, die anderen Finger umschließen die Handgelenke des Kindes. Das Kind klettert nun mit den Füßen am Erwachsenen so weit als möglich hoch. Manche Kinder wagen sogar einen Überschlag.

Baumstamm rollen

Der Erwachsene wird zum Baumstamm und liegt ganz steif auf dem Boden. Das Kind wird zum Waldarbeiter, der versucht, den Baumstamm aus dem Weg zu rollen. Später werden die Rollen getauscht.

Brücke eindrücken

Der Erwachsene bildet eine Brücke, indem er in den Vierfüßler geht oder sich rücklings auf Hände und Füße stellt. Das Kind versucht, die Brücke einzudrücken.

Spitzelei

Je ein Erwachsener und ein Kind stehen mit wenig Abstand Rücken an Rücken, hocken sich dann mit gespreizten Beinen hin und stützen sich mit den Händen auf dem Boden auf. Nun wippen sie ein paar Mal, bevor sie die Knie möglichst weit strecken und zwischen den gegrätschten Beinen hindurch einander anschauen.

Waage

Je zwei Spieler stehen einander gegenüber und fassen sich an den Händen. Ein Partner bleibt mit geschlossenen Beinen stehen, der andere geht in den Hocksitz. Ganz langsam wechseln sie die Stellung, bis der stehende Partner sich in der Hocke befindet, während der andere nun steht. Rücken dabei gerade halten!

Karussell fahren

Die Erwachsenen fassen die Kinder unter den Achseln und schwingen sie im Kreis herum. Meist kann ihnen eine Karussellfahrt gar nicht schnell genug gehen und lange genug dauern. Sie scheinen auch das darauf folgende Schwindelgefühl häufig als angenehm zu erleben.

Geschicklichkeit und Gleichgewicht

Zu zweit auf zwei Beinen

Erwachsener und Kind stehen nebeneinander und halten sich an einer Hand. Dann hebt jeder ein Bein an, so dass er auf einem Bein steht. Wer kann das angehobene Bein nach vorne und hinten strecken? Können beide auf diese Weise sogar auf einem Bein hüpfen? Oder in die Knie gehen? Einander stützend, probieren sie die gleiche Übung auch noch mit dem anderen Bein.

Jüngere Kinder können ohne Hilfe auf einem Bein stehend meist nur kurz das Gleichgewicht halten. Mit Hilfe und Unterstützung eines Erwachsenen gelingt es aber recht gut. Deshalb bieten sich Partnerübungen in diesem Bereich besonders an. Beide können sich gegenseitig stützen und für das Kind kann es eine sehr wohltuende Erfahrung sein, nicht nur Hilfe anzunehmen, sondern auch Verantwortung zu übernehmen.

Gehhilfe

Erwachsener und Kind stehen einander gegenüber und fassen sich an den Händen. Das Kind stellt sich auf die Füße des Erwachsenen, der nun mit kleinen Schritten vorwärts, rückwärts oder seitwärts geht.

Karussell

Der Erwachsene und das Kind halten sich an einer Hand, so dass sie in entgegengesetzte Richtung blicken. Nun laufen sie kreisend am Ort. Hierzu könnte das Lied »Ich bin ein Karussell« (siehe Seite 40) gesungen werden.

Ri-ra-rutsch

Der Erwachsene und das Kind stehen nebeneinander und halten sich mit beiden Händen über Kreuz. Nun geht oder läuft das Paar vorwärts und spricht dazu folgenden Vers:

Ri-ra-rutsch, wir fahren mit der Kutsch,
wir fahren mit der Schneckenpost,
weil es keinen Pfennig kost,
ri-ra-rutsch, wir fahren mit der Kutsch.

Zu »ri-ra-rutsch« bewegen sie die Arme ein paarmal hin und her und gehen dann in entgegengesetzter Richtung weiter.

Störrischer Esel

Der Erwachsene geht auf alle viere, er ist der störrische Esel. Das Kind möchte auf dem Esel reiten. Der Esel läuft aber nur ab

und zu ein paar Schritte, dann senkt und hebt er schnell im Wechsel seinen Rücken. Das Kind versucht, das Gleichgewicht zu bewahren.

Flieger

Der Erwachsene liegt auf dem Rücken und hebt seine Beine an. Das Kind lehnt sich mit dem Bauch an die Fußsohlen. Nun startet das Flugzeug, indem die Mutter die Beine gerade nach oben hebt. Das Kind hält sich dabei an ihren Händen oder Fußgelenken fest. Vielleicht kann der Flieger sogar ganz frei in der Luft schweben.

Hampelmann

Die Kinder machen einen Grätschsprung (sie öffnen die Beine). Gleichzeitig klatschen sie über dem Kopf in die Hände. Nun folgt ein Schlusssprung (die Beine werden geschlossen). Gleichzeitig werden die Arme an die Oberschenkel gelegt. Beide Bewegungsabläufe wiederholen die Kinder, immer schneller werdend, im Wechsel. Die Bewegung von Armen und Beinen zu koordinieren ist gar nicht so einfach!

Tunnel

Alle Erwachsenen stellen sich mit gegrätschten Beinen dicht hintereinander, die Kinder krabbeln und kriechen durch den so entstandenen Tunnel.

Krabbelberge mit Matten

Ziele: Kräftigung der Muskulatur, Förderung des Gleichgewichtssinnes und der Körperwahrnehmung

Geräte: Matten oder dünne Matratzen, Seile oder feste Schnüre, Bettlaken, Stäbe, Reifen, Stühle oder Langbänke, Bälle

Kinder haben viel Spaß daran, Dinge durch die Gegend zu schleppen, die eigentlich viel zu groß und schwer für sie sind. Weil sie dadurch ihre Muskulatur aufbauen und kräftigen, sollten wir Sie ruhig »arbeiten« lassen, auch wenn Sie manchmal meinen, dass sie sich viel zu sehr plagen müssen. Kinder können die Matten miteinander tragen, schieben und an den Halteschlaufen ziehen.

Aufwärmen

Mattenbahnen

Legen Sie gemeinsam Wege aus Matten, über die alle auf unterschiedlichste Weise gehen, laufen und rennen, z.B. paarweise, als lange Schlange mit Handfassung, die Kinder als Rucksack auf dem Rücken eines Erwachsenen oder als »Kängurubaby«.

Variation: Alle laufen um die Matten herum, auf ein Signal hin oder bei Musikstopp legen sich alle nebeneinander auf die Matten.

Hauptteil

Mit Matten und verschiedenen Hilfsmitteln entsteht eine Berg-und-Tal-Landschaft, über die die Kinder krabbeln, klettern, steigen und rutschen. Es finden sich

Krabbelberge, Höhlen und Tunnel, an denen die Kinder frei spielen können. Bewegliche Untergründe in verschiedenen Höhen sollen überwunden werden, wo-

durch in besonderer Weise der Gleichgewichtssinn und die Körperwahrnehmung
geschult werden. Zu einer Kräftigung der
Muskulatur kommt es ganz nebenbei. Einige Möglichkeiten:

Rollbahn

Erwachsene und Kinder legen sich abwechselnd ausgestreckt an eine Seite einer
Mattenbahn und rollen sich gegenseitig
über Bauch und Rücken bis ans andere
Ende.

Mattenrollen

Matten werden zusammengerollt und
festgebunden. Über die Mattenrollen
könnten Sie Betttücher legen. Die Kinder
können die Mattenrollen überwinden
oder sich bäuchlings darauf legen und vor
und zurück rollen.

Mattenschaukel

Eine Matte wird so in mehrere Reifen geschoben, dass daraus eine lange Schaukel
(wie ein Tunnel) entsteht, in der nicht nur
sitzend, sondern auch liegend geschaukelt
werden kann. Die Kinder können entweder schaukeln, indem sie sich selbst in der
Tunnelschaukel bewegen, oder sie lassen
sich von außen schaukeln.

Wellenbad

Etwa zehn Holzstäbe werden nebeneinander auf den Boden und die Matte darauf
gelegt. Auf der beweglichen Matte können alle liegend hin und her rollen oder
wir lassen uns von jemand darauf vor und
zurück rollen. Achtung, die Kinder dürfen nicht nach den Stäben greifen, um
sich nicht zu verletzen.

Mattenberge

Mehrere Matten werden kreuz und quer aufeinander gelegt. Sie können die Matten auch über Bänke, Kastenteile oder ähnliche Dinge legen.

Wackelpudding

Legen Sie eine Matte auf mehrere Bälle. Auf diese Weise entsteht ein sehr wackeliger Untergrund, der auf verschiedenste Weise überwunden werden kann. Es macht auch Spaß, einfach nur darauf zu liegen und ein wenig herumzukullern und -zuzappeln.

Tunnel und Höhlen

Stellen Sie zwei Stühle oder Langbänke mit etwas Abstand gegenüber auf und klemmen Sie eine oder mehrere Matten gebogen dazwischen. Auf diese Weise können kleine Höhlen und lange Tunnel zum Hindurchkriechen entstehen.

Kullerbahn

Ein Kind nach dem anderen legt sich ausgestreckt an eine schmale Mattenseite. Ein oder zwei Erwachsene heben die Matte an und lassen die Kinder auf diese Weise langsam über die Matte nach unten kullern. Am Ende fängt ein Erwachsener die Kinder auf.

Natürlich können Sie auf den Matten auch ein wenig turnen: Die Spieler können Purzelbäume schlagen, darüber rollen, darum herumkrabbeln, von einem Kasten oder Stuhl auf eine Matte springen, von Matte zu Matte hüpfen und vieles mehr.

Spaß und Spiel mit allerlei Krimskrams

Es gibt unendlich viele Möglichkeiten, sich mit allerlei wertlosem Material und einfachen Gebrauchsgegenständen zu bewegen und zu turnen. Die Bewegungsanreize, die von diesem Krimskrams ausgehen, sind oft besonders groß, weil die Materialien den Kindern vertraut sind und ihre Phantasie anregen. Meist bedarf es nur eines kleinen Anstoßes, etwa der Frage »Was könnten wir denn damit machen?«, und die Ideen sprudeln nur so aus den Kindern heraus. Lassen Sie den Kindern genügend Zeit, um eigene Ideen entwickeln und ausprobieren zu können. Ich möchte Ihnen an dieser Stelle ein paar Anregungen geben, die Sie mit Ihren Kindern beliebig erweitern können. Eine reizvolle Möglichkeit, um verschiedene Materialien ansprechend zu präsentieren, ist eine Überraschungskiste: Füllen Sie eine große Pappschachtel oder eine alte Kiste oder Truhe mit den unterschiedlichsten Materialien, die vom Übungsleiter und einem Erwachsenen mit viel Gestöhne in den Raum geschleppt wird. Nun dürfen die Kinder und Erwachsenen nacheinander, vielleicht sogar mit verbundenen Augen, etwas aus der Kiste holen und sich überlegen, was man damit wohl machen könnte.

Federn

- Alle stellen sich auf Zehenspitzen, lassen die Bettfedern fallen und ahmen ihre Bewegungen nach.
- Lassen Sie eine Feder los und versuchen Sie, sie wieder aufzufangen.
- Alle blasen die Feder von der flachen Hand und versuchen, sie mit der anderen Hand zu erwischen. Oder ein Partner versucht, die Feder zu fangen.
- Kitzeln und streicheln Sie sich mit den Federn.
- Alle blasen mit den Federn um die Wette oder versuchen, sie durch Blasen so lange als möglich in der Luft zu halten.

- Federkarussell: Alle halten ihre Feder in der Hand und beginnen, sich zu drehen oder zu laufen. Normalerweise fallen die Federn herunter. Wenn wir schnell genug sind und unsere Hand gegen den Luftzug drehen, kann die Feder Karussell fahren. Wer ist so schnell, dass die Feder aufgrund des Luftdrucks nicht herunterfällt?

Seifenblasen

- Die schillernden Seifenblasen wirken sehr anziehend auf Kinder. Sie wollen sie fangen, ihnen nachjagen, sie platzen lassen ...
- Wir versuchen eine bestimmte Seifenblase zu verfolgen und zu fangen.
- Wir beobachten die Seifenblasen und bleiben stehen, bis alle zerplatzt sind, dann setzen wir uns schnell auf den Boden oder erfüllen eine vorher gestellte Aufgabe (stampfen, klatschen, hüpfen ...).
- Wir bleiben ruhig stehen und beobachten wieder die Seifenblasen. Wenn die letzte geplatzt ist, laufen wir schnell davon, denn nun versucht der, der geblasen hat, uns zu fangen.

Staubtücher

Unsere Raumpflegerinnen sind krank!

- Alle gehen, laufen und rennen durch den Raum, am besten mit Musik, und stauben die Wände oder alles, was sie finden können, ab.
- Die Spieler versuchen, die Spinnweben an der Decke zu entfernen, indem sie sich recken und strecken oder die Staubtücher hochwerfen und wieder auffangen.
- Alle polieren sich gegenseitig.
- Zwischendurch schütteln alle das Tuch immer wieder kräftig aus – vielleicht auch mal mit den Füßen.
- Die Kinder stellen ihre Füße auf das Tuch, die Erwachsenen fassen die Kinder unter den Achseln und ziehen und schieben sie als Schrubber durch den Raum.
- Die Kinder sitzen auf dem Tuch und werden auf dem Po durch den Raum geschoben.
- Alles ist blitzblank – alle falten ihr Tuch zusammen und räumen es auf. Oder spielen Sie noch das folgende Spiel:

Frühjahrsputz

Kinder und Erwachsene singen das folgende Lied nach der Melodie von »Wer
will fleißige Handwerker sehn« und führen die im Text beschriebenen Bewegungen mit den Tüchern aus.

1. Wer will fleißige Putzleute sehn,
    der muss zu uns Kindern gehen.
    Putztuch raus, Putztuch raus,
    wir putzen heut das ganze Haus.

Das Tuch vor dem Körper im Kreis
schwingen.

2. Wer will fleißige Putzleute sehn ...
    Fenster blank, Fenster klar,
    sie blitzen einfach wunderbar.

Abwechselnd den rechten und linken
Arm mit dem Tuch vor dem Körper auf
und ab und hin und her bewegen.

3. ... Wir stauben ab und schütteln aus,
    der Staub muss aus dem Haus heraus.

Abwechselnd mit der rechten und linken
Hand abstauben und das Tuch dazwischen kräftig ausschütteln.

4. ... Wir tauchen ein und wringen aus,
    so kommt der ganze Schmutz heraus.

Das Tuch mit beiden Händen in einen
imaginären Eimer tauchen, dabei sich
mehrmals weit nach unten beugen und
wieder hochkommen, danach das Tuch
fest auswinden.

5. ... Wir scheuern auch den Boden rein,
    kein Fleck darf mehr zu finden sein.

Auf die Knie oder in die Hocke gehen und
den Boden rundherum »scheuern«.

6. ... Der Dreck ist weg, das Haus ist rein,
    heute soll ein Festtag sein.

Erwachsene und Kinder haken einander
unter und tanzen im Kreis herum.

Mülltüten

Pusten Sie die Mülltüten ein wenig auf
und verknoten Sie sie. So entsteht ein
Knattersack, mit dem Sie auf verschiedenste Weise Krach machen können,
bzw. ein Ballersatz, mit dem die unterschiedlichsten Ballspiele möglich werden.

*Und welche Bewegungsmöglichkeiten fin-
den Sie selbst noch mit Kastanien, Joghurt-
bechern, Blechdosen, leeren Fadenspulen,
Wolle, Bausteinen, Schuhkartons und
Pappschachteln, Stühlen, Schals, Krawatten
und Tüchern ...? Ihnen und den Kindern
wünsche ich viel Spaß beim Ausprobieren.*